中国金融科技创新

数字金融应用场景实战

刘勇 孙鲁——著

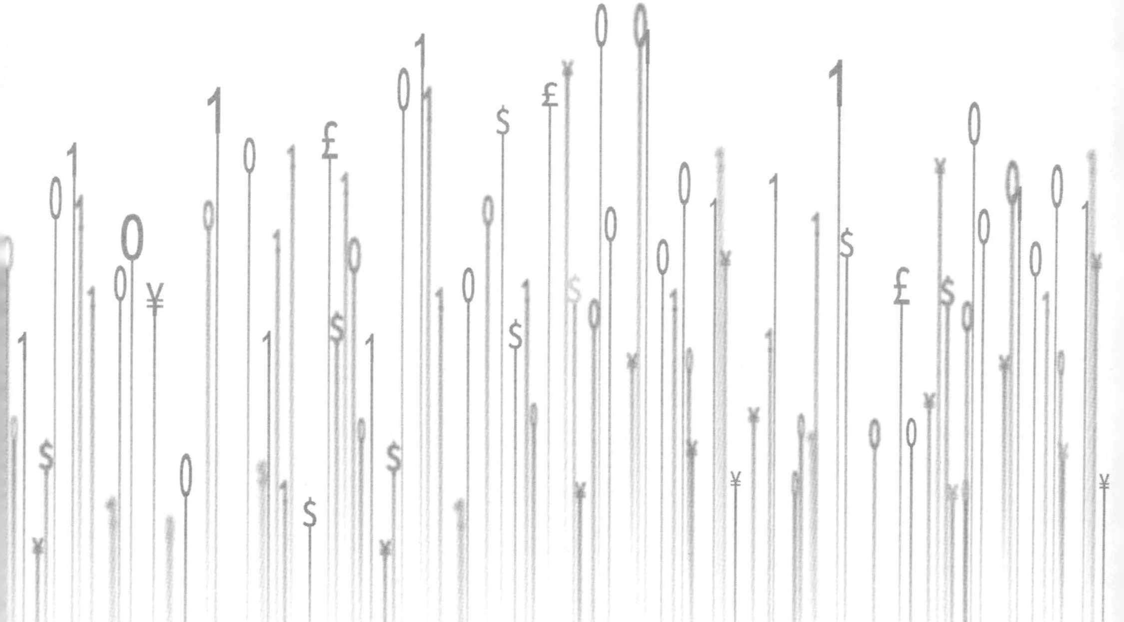

中信出版集团 | 北京

图书在版编目（CIP）数据

中国金融科技创新：数字金融应用场景实战 / 刘勇，孙鲁著 . -- 北京：中信出版社，2021.7

ISBN 978-7-5217-3270-2

I. ①中… II. ①刘… ②孙… III. ①金融—科技发展—研究—中国 IV. ① F832

中国版本图书馆 CIP 数据核字（2021）第 117300 号

中国金融科技创新：数字金融应用场景实战

著者：　　刘勇　孙鲁

出版发行：中信出版集团股份有限公司

（北京市朝阳区惠新东街甲 4 号富盛大厦 2 座　邮编　100029）

承印者：　北京诚信伟业印刷有限公司

开本：787mm×1092mm 1/16　　印张：16.75　　字数：171 千字

版次：2021 年 7 月第 1 版　　印次：2021 年 7 月第 1 次印刷

书号：ISBN 978-7-5217-3270-2

定价：68.00 元

服务热线：400-600-8099
投稿邮箱：author@citicpub.com

前言

随着科技创新的力量不断迸发，以科技推动产业发展、加快经济社会数字化转型升级已经成为全球共识。2020 年年初新冠疫情暴发，各国产业经济都受到一定冲击。而随着疫情在世界各地不断蔓延，中美贸易摩擦变数增多，给我国的金融科技产业发展带来更多的不确定性，产生了三大重要影响。一是加快了金融科技发展变革和融合应用。疫情中，金融科技不断发挥自身优势，在推动金融线上服务、聚焦中小企业信贷需求、优化生活服务领域等方面加快了改革发展步伐。二是以人工智能、5G、物联网等为主的关键核心技术创新突破逐渐成为国际竞争焦点，推动了金融科技发展模式创新。三是安全发展被摆在了一个更为突出的战略位置，金融科技监管和标准化工作进程加快。根据中关村互联网金融研究院的研究，我国的金融科技已经形成“双稳”（产业规模稳、单个企业融资规模稳）结构，步入高质量发展、优结构运行的新阶段，发展稳定、后劲充足的特征已经显现。全球经济形势变化加速了我国金融科技“双稳”结构的成形和新阶段的塑造，“后疫情时代”已经到来。如何在全新的环境中立于不败之地，如何在新形势下进一步创新发展，是每一个金融科技企业必须面对的新问题、新课题。

通过研究金融科技的发展史可以看到，金融科技从1.0到4.0的发展都是在继承的基础上创新，不断扬弃创新发展道路上的各种经验，最后实现新突破。在金融科技4.0阶段，金融科技企业要想进一步突破创新，就必须遵从金融科技的演化路线，结合国际国内发展大势，逐渐形成自身独有的战略竞争力。新时代成长出一批优秀的金融科技企业，诞生了众多具有特色的产品和服务，它们成为金融科技演化路线图上的一颗颗明珠，揭示着金融科技发展的规律。只有不断研究、分析这些优秀的产品和服务，以小见大，借鉴宝贵经验，才能在时代的洪流中顺势而为，为自身发展定标、为现在发展定准、为过去发展定锚。因此，本书精选七大领域、14个金融科技企业案例，这些案例从每一个侧面反映出新时代金融科技发展的状态和新阶段金融科技的创新变化，揭示企业在发展的不同阶段、不同维度的难点与痛点。本书在深入分析的基础上提炼案例的业务“干货”、总结发展趋势，为“后疫情时代”金融科技企业的新发展提供切实可行的落地建议。

本书共有七章。第一章以光大科技、华控清交和京东科技为例，重点讲述银行数字化转型的发展态势，系统阐述在金融科技大潮中前浪和后浪如何保持自身的竞争优势。第二章以保准牛、中科软和爱保科技为例，重点讲述保险科技企业如何铸就底层技术之剑，推动整个行业的创新发展。第三章以根网科技为例，重点阐述在证券与金融科技融合发展的过程中，如何面对新形势，推动业务转型发展。第四章以联动优势为例，重点阐述第三方支付企业如何创新场景服务，探索机构端支付的机会。第五章以云趣数科和天星数科为例，重点阐述供应链金融如何更好地做到产融结合，构建“供应链金融即服务”新模式。第六章以博雅正链和慧安金科为例，重点阐述数字经济时代如何建设数字监管体系。第七章以农信互联和神州信息为例，重点阐述金融科技如何利用自身赋能能力全面改造“三农”，进而构建面向未来的数字普惠金融体系。

最后，感谢中关村金融科技 30 强企业及中关村“番钛客”金融科技国际创新大赛参赛企业提供的精彩案例，以及对本书写作的大力支持。本书如有不足之处，请读者批评指正。

第一章

银行+金融科技：生态化发展的模式与路径

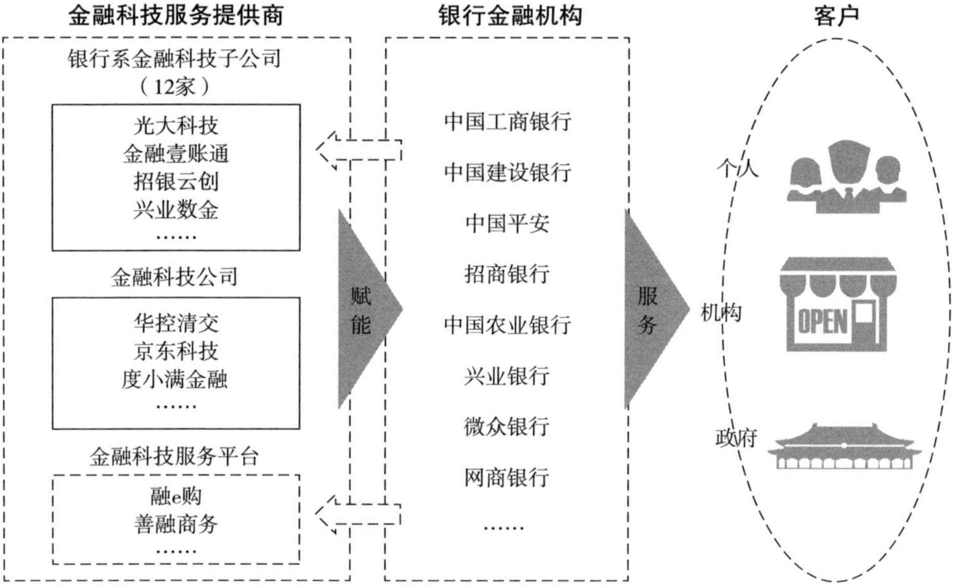

银行＋金融科技产业生态图

金融科技与银行的融合模式主要有三种。一是对原银行信息科技部进行升级，在原有业务的基础上引入金融科技底层技术优化服务。二是成立金融科技子公司。为充分利用市场化机制扩大银行在金融科技方面的研发和应用场景落地，具备技术优势和产品优势的大型商业银行纷纷成立银行系金融科技子公司，引进科技人才、技术，搭建从营销获客、业务处理流程到风险控制体系等多方面的架构，并形成对外输出能力。光大银行、兴业银行、平安银行、招商银行、建设银行、民生银行等银行先后成立了金融科技子公司。三是与金融科技公司合作。合作主要涉及两个方面，支付清算、信贷和风险管理环节，以及营销推广和共建场景。

其中，成立金融科技子公司，以及与金融科技公司进行合作是较为普遍的模式。在不断创新发展的过程中，一部分银行和金融科技企业逐渐形成了比较成熟和富有特色的发展模式，探索出一条行之有效的发展路径。我们以光大科技、华控清交和京东科技为例，带领读者一睹“银行 + 金融科技”的风采。

银行数字化改革的正确姿势——光大科技

在技术大潮中乘风破浪的银行

现代银行的发展从来不缺乏科技的身影。从 20 世纪 50 年代由于磁条技术催生出信用卡开始，一路走来，银行始终被裹挟在技术的大潮中前行。近些年金融科技的诞生和飞速发展，同样也刺激了银行业的变革。有些学者甚至将本轮金融科技推动的银行业变革大潮定义为银行业史上的第三次革命。总之，银行的数字化转型进入一个新的发展阶段，并呈现出三大基本特征。

一是银行数字化转型持续加速。中关村互联网金融研究院统计，2019 年中国上市银行金融科技投入规模为 1 054. 1 亿元。其中，建设银行位列首位，紧随其后的是工商银行和农业银行。不仅是资金上的投入，各大行为金融科技也在广纳贤才。在已公布的年报数据中，工商银行的金融科技人员数量和占比较大，建设银行紧随其后。详见表 1 – 1。

赛迪顾问预测，中国银行业 IT（互联网技术）解决方案市场 2020—2024 年的年均复合增长率为 22. 07%，预计到 2024 年，中国银行业 IT 解决方案市场规模将达到 833. 63 亿元。同时，IDC（互联网数据中心）也认为，预计到 2024 年，中国银行业 IT

表 1-1　各上市银行金融科技投入与人才情况

银行	投入及占比	人才数量及占比
建设银行	金融科技投入 176.33 亿元，占营业收入的 2.5%	科技类人员数量为 10 178 人，占集团人数的 2.75%
工商银行	金融科技投入 163.74 亿元，占营业收入的 2.2%	科技人员数量为 34 800 人，占全行员工总数的 7.8%
中国银行	信息科技投入 116.54 亿元，占营业收入的 2.12%，同比增长 15.15%	科技人员数量超 8 000 人，占全行员工总数的 2.58%
交通银行	金融科技投入 50.45 亿元，同比增长 22.94%，占营业收入的 2.57%	境内行金融科技人员数量为 3 460 人，同比增长 59.15%，金融科技人员占比 4.05%，同比提升 1.33%
中信银行	科技总投入近 49 亿元，同比增长 36.8%	科技人员数量达到 3 182 人，同比增长 56.2%
兴业银行	信息科技投入 35.65 亿元，占营业收入的 1.97%，同比增长 24.66%	信息科技正式员工数量为 1 910 人，科技人员占比约 4.07%
光大银行	全年科技投入 34 亿元，占营业收入的 2.56%	科技人员总数为 1 542 人
平安银行	IT 资本性支出及费用投入同比增长 35.8%，其中用于创新性研究与应用的科技投入 10.91 亿元	科技人员（含外包）数量超过 7 500 人，较 2018 年年末增长超过 34%
青岛银行	用于创新性研究与应用的科技投入共计 0.29 亿元	科技人员共计 152 人，占全行员工总数的 3.75%
长沙银行	科技投入 4.7 亿元，占营业收入的 2.76%	科技人员（含外包）数量较 2018 年年末增长 36.22%
农业银行	信息科技投入 127.9 亿元，占营业收入的 2.04%	—
招商银行	信息科技投入 93.61 亿元，同比增长 43.97%，占营业收入的 3.72%	—

续表

银行	投入及占比	人才数量及占比
邮储银行	信息科技投入 81.8 亿元，占营业收入的 2.96%	—
江苏银行	金融科技投入 6.89 亿元，占营业收入的 1.53%	—
华夏银行	金融科技投入 26.56 亿元，占营业收入的 3.26%，同比增长 36.91%	—
常熟银行	金融科技投入 2.2 亿元，占营业收入的 3.41%，同比增长 65.41%	—
上海银行	金融科技投入 14.33 亿元，占营业收入的 2.95%，同比增长 36.91%	—
北京银行	金融科技投入 18 亿元，占营业收入的 3.00%	—
浦发银行	金融科技投入 41.2 亿元，占营业收入的 2.27%	—
宁波银行	—	信息科技人员 731 人
渝农商行	—	科技人员共计 176 人
浙商银行	—	科技外包人员 820 人

解决方案市场规模将达到 1 273.5 亿元。中国银行业协会在 2021 年 3 月发布的《2020 年中国银行业服务报告》显示，2020 年银行业金融机构离柜交易达 3 708.72 亿笔，同比增长 14.59%；离柜交易总额达 2 308.36 万亿元，同比增长 12.18%。多数银行已经开始进行分布式架构改造和系统上云工程，重视建立全行级中台能力和 PaaS（平台即服务）平台。部分大中型银行的数字化转型取得了一定成果。

二是"马太效应"逐渐显现。由于机构规模、技术实力等因素的综合影响，不同类型银行的数字化能力差异明显。普华永道分析了37家A股和H股上市银行2019年度的报告数据后发现，2019年度银行的平均科技人员占比达4%，科技总投入占营业收入的比重达2.55%。城商行、农商行以及中小银行的数字化能力相对较低。多数中小银行没有将金融科技作为一个单独的体系推动发展，在数据协同处理方面的能力尤为薄弱。45%的银行对公司级数据管控体系进行监理，但只有14%的银行实现了高程度的数据协同，强者越强、弱者越弱的"马太效应"逐渐显现。

三是数字化转型方式多样，发展结构不一。过去几年，先后有直销银行、民营银行、银行系金融科技子公司等不同类型的数字化转型措施出台；最近几年，开放银行、虚拟银行又成为代表未来银行发展形态的"新物种"；疫情期间，又出现了非接触银行、非接触贷款等"倒逼式"改革成果。种种不同的改革形式和成果既展现了银行对于数字化转型的迫切需求，又表明了银行数字化改革的决心。

在这场数字化转型的浪潮中，银行改革的要点主要集中在三个方面：一是以用户为中心，全面改革服务；二是以技术为中心，全面改革风控；三是以运营为中心，全面改革渠道。金融科技底层技术本身就具备一定的延展性，能够对银行数字化转型的各方面产生影响。但是在所有影响中，最明显、最直接的当数对风控的影响。金融的本质是风险管理，风控是所有金融业务的核心，典型的金融借贷业务都需要数据风控识别欺诈性用户及评估用户信用等级。近两年线上消费信贷借力金融科技实现快速增长，成为银行零售业务的重要突破口，多家商业银行纷纷通过线上渠道拓展消费信贷业务，触及长尾客群。在技术大潮里乘风破浪的银行中，光大科技的智能风控引擎为新时代银行风控体系的建立提供了新思路。

让技术与银行业务“亲密接触”

光大科技打造的以人工智能和大数据技术为基础的智能风控体系，在有效降低风险事件发生概率和损失的前提下，扩展了业务覆盖人群，完善了业务流程。其核心功能是帮助金融机构逐步从规则流程驱动向数据驱动、智能决策进行转变，对以往的复杂业务流程进行重塑和改造，通过数据分析得出对风险管理及业务的洞见，成为决策的智能辅助大脑，更好地推动企业降本增效。

完善的智能分析与决策服务，其价值主要体现在两个方面。一方面，可以帮助金融机构完善智能风控体系。通过技术创新手段加强风控决策引擎能力，提升风控引擎智能化、自动化水平，利用成熟的大数据技术和积累的数据量，以及人工智能等技术推进智能化风控体系建设，促进信贷产品创新，解决业务问题。另一方面，帮助金融机构更好地推动普惠金融的发展，通过智能风控，将大幅提高金融运行效率，降低金融服务的门槛，有助于解决数字普惠金融发展中面临的问题，促使中低收入人群等弱势群体能够享受到公平合理的金融服务。

大数据智能风控是以持续的智能决策引擎为基础，整合客户的实时数据、历史数据、行为数据、外部的人行征信、第三方数据，以支撑智能风控、智能运营为目标驱动，完善远程规则安全运行机制建设，优化策略部署流程，形成标准化、组件化的业务控制规则以及智能化模型，灵活配置整个信贷业务流程的风险防控策略和模型服务，覆盖用户的申请准入、反欺诈、客群风险分类、授信评分、授信额度计算以及贷后客户还款能力行为监控、行为评分以及催收策略各个环节，解决不同的场景需求，进而支持持续的智能化实时决策以及业务快速创新。

与此同时，在与各方合作“助贷”或“联合贷”的模式下，持续的智能化决策引擎可以实现远程规则安全运行，提供在合作伙伴端风控策略安全运行的能力，保障在风控策略自主可控的基础上实现合作业务的开展，达到与合作方联合进行风险控制的目的。智能决策引擎服务于消费金融以及信托普惠金融的“助贷”“联合贷”模式，旨在完善风控业务流程，实现规则流程驱动向数据驱动、智能决策转变，成为风险控制的智能辅助大脑。

完善的大数据智能风控体系主要由三个部分组成：大数据风控、智能决策平台、智能风控模型。

大数据风控

传统金融的风控主要利用信用属性强大的金融数据，一般采用约 20 个维度的数据，依据评分来识别客户的还款能力和还款意愿。信用相关程度强的数据维度为 10 个左右，包含年龄、职业、收入、学历、工作单位、借贷情况、房产、汽车、单位、还贷记录等，金融企业参考用户提交的数据进行打分，得到申请人的信用评分，最后依据评分来决定是否贷款以及贷款额度。其他同信用相关的数据还有区域、产品、理财方式、行业、缴款方式、缴款记录、金额、时间、频率等（见图1-1）。

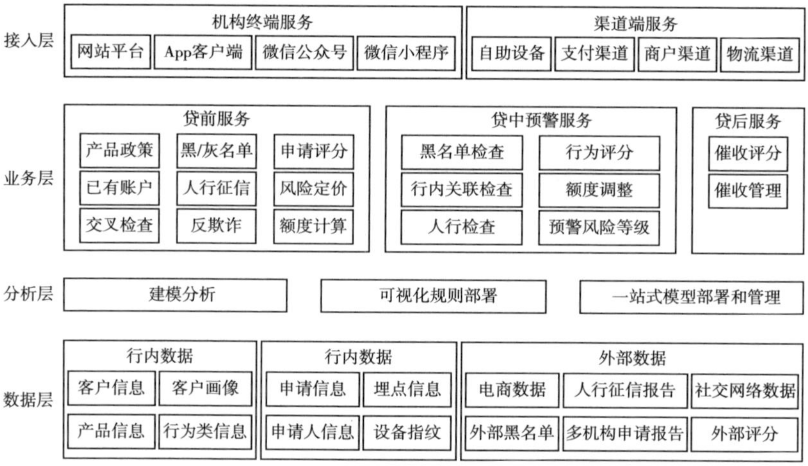

图1-1　大数据智能风控体系业务架构

大数据风控丰富了传统风控的数据维度。大数据信用评估模型的基本思路是一切数据都和信用有关，在能够获取的数据中尽可能挖掘信用信息。大数据信用评估模型从大数据采集和大数据分析挖掘两个层面，为缺乏信用记录的用户挖掘出信用情况。通过大数据采集技术，挖掘一个借款人的信用情况变得更加多元化，比如一个借款人缺乏银行信用卡数据，但从借款人的航旅出行数据中挖掘出其具备较好的信用资质，同样可以完成借款人的信用贷款审核。通过多源化的信息采集，一方面传承了传统征信体系的金融决策变量，重视深度挖掘授信对象的信贷历史；另一方面能够将影响用户信贷水平的其他因素也考虑进去，如社交网络数据、用户申请信息等，从而实现深度和广度的高度融合。利用数据的关联分析来判断借款人的信用情况，借助数据模型来揭示某些行为特征和信用风险之间的关系，包括以下几种方式：

一是验证借款人身份。借款人身份的五因素认证是姓名、手机号、身份证号、银行卡号、家庭住址。可借助国政通的数据来验证姓名、身份证号，借助银联数据来验证银行卡号和姓名，利用运营商数据来验证手机号、姓名、身份证号和家庭住址。

二是分析提交信息识别欺诈。在线上申请时，申请人会按照贷款公司的要求填写多维度信息，如户籍地址、家庭住址、工作单位、单位电话、单位名称等。如果是欺诈用户，其填写的信息往往会出现一些规律，企业可根据异常填写记录来识别欺诈。例如填写不同城市居住小区的名字相同，填写的不同城市、不同单位的电话相同，不同单位的地址街道相同、单位名称相同，甚至居住的楼层和号码都相同，还有一些填写假的小区、地址和单位名称以及电话等情况。若发现一些重复的信息和电话号码，申请人欺诈的可能性就会很高。

三是分析客户线上申请行为识别欺诈。利用反欺诈等技术手段结合人工智能自主学习的能力，自主开发业务系统，建立反欺诈引擎，实时进行数据分析，对借款人的还款能力做出较为精准的评估，同时进行快速反馈。有数据显示，一般在晚上 11 点以后申请贷款的申请人，欺诈比例和违约比例较高。

四是利用黑名单和灰名单识别风险。市场上有近百家公司从事个人征信相关工作，其主要的商业模式是反欺诈识别、灰名单识别，以及客户征信评分。

五是参考社会关系评估信用情况。物以类聚，人以群分。知识图谱作为关系的直接表示方式，可以将借款人的基本信息和借款人的消费记录、行为记录、网上的浏览记录等整合到整个知识图谱里。在贷前可以推导申请人信息与关系网络不一致的地方，进行不一致性验证；也可以利用更有针对性的团伙识别算法，有效识别出申请人是否属于某一团伙，并进一步确认该团伙是否属于欺诈团伙；在贷后失联召回的应用上，对于各类逾期客户，可以通过关联网络查询到申请人的常用联系网络。

智能决策平台

大数据风控并不只是建立在人工智能模型上。事实上，策略规则往往有着比模型更重要的地位。策略是数据与金融理论的结合。在给定的数据集下，很多模型可以得出一个理想的结论，却只是一个黑箱，无法解释得出结论的分析逻辑。传统金融理论虽然有很强的解释力，但在大数据时代，如果放弃了大数据中蕴含的信息，无异于抱残守缺。所以要在挖掘数据结论的同时结合传统理论形成规则，这是最快捷也是最稳妥的方案。风控策略可以在保证业务量的同时降低业务坏账率，控制逾期风险，最终实现公司盈利。

风控审批策略基于数据分析，在申请阶段制定各式各样多维度的策略和规则。其中，多维度数据的策略规则包括：社交及短信维度规则、移动设备维度规则、外部数据源（如征信报告、各种黑名单来源）规则、多维度评分卡规则、行为数据（设备信息、注册时间、登录时间）规则。多维度数据分析呈现了借款人的用户画像，因而要制定多维度完善的审批策略规则，具体策略规则包含：经济能力维度（月收入、工资流水等信息）、App（应用程序）信息维度（贷款 App 安装个数、短信命中高风险关键词）、基本信息维度（年龄、性别、工龄等信息）、信用历史（征信贷款信息、还款记录）、行为表现（活动轨迹、登录时间、注册时间等信息）。而策略模块要根据产品流程来制定，每一个模块对应解决一个或多个风险点。

策略上线后，需要根据目标变量，如首期逾期、当前逾期、账龄分析、迁徙率来监控此策略的占比与预计的占比是否发生严重偏差，且在正常运行阶段是否全部执行。对上线后的策略，在一定时间后，对于有表现的数据进行策略回顾，看策略调整后的进件量、通过率及贷后表现等。若是想及时查看策略上线后的贷后表现，可以针对 FPD（首期逾期率）指标分不同的天数去观测，如 FPD4、FPD10、FPD30 等。

在策略调松或者放宽时，可以有针对性地回顾豁免出来的客户的进件情况、通过率及贷后表现；在策略调严或者收紧时，可以有针对性地回顾拒绝阈值边缘维度的贷后表现及拟定拒绝的客户数。

常规的审批策略模块，如个人信息验证、准入模块、欺诈判断、黑名单判断、信用风险评估、人工审核、授信、交易风险，需要灵活地部署在决策引擎当中，才能实现自动化决策。智能决策引擎可以将复杂的业务逻辑从业务代码中剥离出来，显著降低业务逻辑实现难度；同时，剥离的业务规则使用规则引擎实现，这样可以使多变的业务规则变得可维护，配合规则引擎提供的良好的业务规则设计器，不用编码就可以快速实现复杂的业务规则，即使是完全不懂编程的业务人员，也可以轻松上手，使用规则引擎来定义复杂的业务规则。业务系统运行过程中难免会发生业务规则变化的情形，有了决策引擎，业务规则部分采用决策引擎实现，这样在系统正常运行的情况下就可以利用决策引擎对业务规则进行修改，从而实现业务规则的随需应变。同时借鉴 Rete 等算法的优势，结合中式规则引擎的特点，开发一套自己的规则模式匹配算法，从根本上保证规则运行的效率，实现大量复杂业务规则计算时的毫秒级响应。

智能决策引擎提供规则集、决策表、决策树、评分卡、规则流等业务规则设计工具，从各个角度满足复杂业务规则设计的需要。

规则集也叫决策集，是一种由一组普通规则和循环规则构成的规则集合，也是一种使用频率最高的业务规则实现方式。普通规则由变量、表达式、条件值、决策结果组成，是一种由“如果……”、“那么……”、“否则……”三个部分构成的规则。决策表是一种以表格形式表现规则的工具，非常适用于描述处理判断条件较多，各条件又相互组合、有多种决策方案的情况。决策表提供精确而简洁地描述复杂逻辑的方式，可将多个条件与这些条件满足后要执行的动作以图形的形式进行对应。决策树又称为规则树，是智·策规则引擎中提供的另外一种构建规则的方式，它以一棵躺倒的树形结构来表现规则。评分卡使用二维表形式展示目标对象的各个属性，针对不同属性设置不同区段的条件，每个区段条件对应不同的分值，运行时引擎会根据定义的区段条件自动计算目标对象的评分。决策流又称规则流，整个结构类似于工作流，用来对已有的决策集、决策表、交叉决策表、决策树、评分卡、复杂评分卡或其他决策流的执行顺序进行编排，清晰直观地实现一个大的、复杂的业务规则。

而在“助贷”或“联合贷”模式下，要达成与合作伙伴在合法合规前提下实现双方资源共享，实现双方可信的、安全的合作机制，在保障数据安全、保障消费者权益的前提下进行数据共享的目的，还需要打造一套“分布式可信智能决策引擎”，见图1－2。在新技术方面，一方面是通过搭建分布式可信智能决策引擎，用“分布式”技术实现远程规则安全部署、安全运行，提供在合作伙伴端风控策略安全运行能力，保障在风控策略自主可控的基础上，满足数据安全监管、消费者权益保护的要求，实现合作业务的顺利开展；另一方面，“可信”技术可以利用区块链技术中的去中心化存储、可追溯、信息透明且不可篡改，有效实现信用共享等特点，实现风控决策运行的公开化、透明化，同时，对每次业务服务调用的上链过程，大大降低了在协作过程中的信任成本，创造出可靠的合作机制。

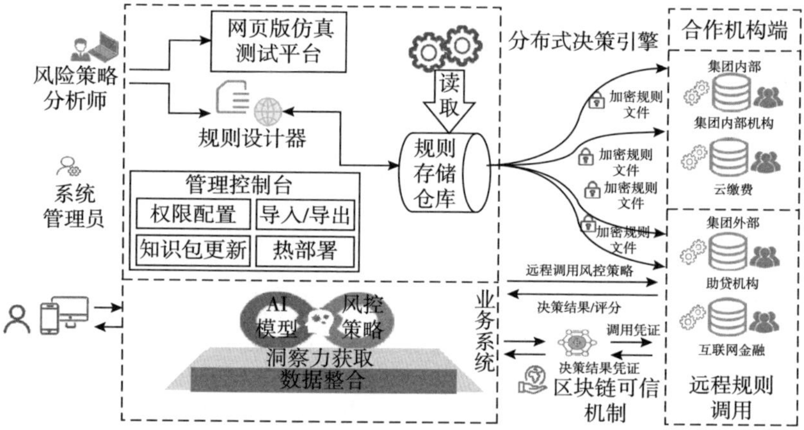

图 1－2　分布式可信智能决策引擎

智能风控模型

风控模型是在风控策略达到平衡之际，实现风险精分差异化的必备武器。它广义上代表人运用数据构建的风险管理模式，狭义上讲，是运用统计、机器学习甚至深度学习等算法开发的数学模型。一个完整的风控模型搭建全流程应包含样本准备、好坏客户定义、观察期和表现期的确定、变量衍生、训练集和验证集、分箱和 WOE 转换、共线性检验、模型检验等。

怎样的客户算“好”，怎样的客户算“坏”，这与评分卡真正关心的客户类型有关。比如，一个反欺诈评分卡的“坏客户”定义可能是首逾 30 天以上（FPD30＋），而审批评分卡的定义可能是 M3＋。而具体逾期多少天算“坏”，就要进行滚动率分析了。

观察期是指用于生成客户特征的时间区间，用来收集信用历史和行为特征等信息，以提炼能预测未来信用表现的预测变量。

观察期过长可能导致大量客户无法获取相应时间长度的数据，大批样本不能进入模型；观察期过短会导致样本无法生成足够多的有效的时间切片变量。表现期是对观察点上客户表现进行监控的时间周期。这些账户根据截至表现点的表现被分类成“好”“坏”。表现期需要有足够的长度，从而保证样本群体分类的稳定性，使客户的逾期行为充分表现出来。但也不能过长，即使可获得很长时间的历史数据，还需要在完整性（有多少个坏样本需要捕捉）和数据质量之间保持平衡。

变量衍生是整个建模过程中最重要的一个环节，往往在同样的数据和维度条件下，这是评分卡模型效果最关键的一步。变量衍生可以简单地根据业务理解进行变量的组合，生成交叉变量，比如，对于不同年龄段的客户的婚姻状况可以给予不同的打分标准；或者，可以利用一些机器学习算法，比如 XGBoost，从数据的角度来进行变量衍生。

在进行变量衍生后，可能会产生成百上千个变量，有连续性变量也有分类型（字符型）变量。但是，字符型变量是没有办法直接作为入参参与逻辑回归拟合的，而为了使自变量和目标变量呈正相关的关系，往往会对数值型变量也进行分箱和 WOE 转换。如果按照原数据入模，会导致评分卡非常不稳定，同时变量的取值和得分的关系也会变得杂乱无章，失去业务上的可解释性。另外，在这一步，根据每个变量的 IV 值，也可以筛选掉一部分区分能力较弱的变量。

在真正进入建模过程前，还需要预留出一部分样本用作模型的验证，这是为了防止模型的不稳定：在训练集上表现良好，在验证集中却无法很好地预测。最好的方法就是再预留出一部分时间外测试集，选取与建模样本不同时间段的样本再对模型表现进行验证。比如，如果选取审批时间在 1 ~ 3 月的客户作为建模样本，那么可以将 4 月的客户作为测试样本来测试模型的效果。

共线性检验也是筛选变量过程中非常重要的一步。共线性指的是模型的变量之间存在较高的相关性，某一个变量可以被其他一部分变量所解释。共线性高会导致回归拟合出来的系数发生严重的偏离。常用的指标为相关系数和 VIF（方差膨胀系数）。

模型训练的过程是完全交给程序的过程，它内置传统机器学习及深度学习多种算法，通过不断增加、删减变量，从数据层面挑选使模型的预测能力达到最大的变量组合。最后需要结合共线性检验，不断地调整进入逐步回归的变量，以得到合理的最终入模变量。

模型表现的评估涉及的几个指标包括：KS 值、Gini、AUC、Lift。所有变量在建模过程中都针对显著性、相关性、冗余及多重共线性进行测试。如果变量在各维度上不能符合标准，即使会牺牲 KS，也将被从模型中剔除。

目前，光大科技的智能风险引擎将多方在资金、流量、科技等方面的能力进行互补和融合，通过搭建智能决策引擎，有效分类客户和识别潜在风险点，提供多维度的风控模型，实现线上客户自动分类，借助机器学习实现模型自我完善，有效剔除高风险客户。该解决方案实现了医美、教育以及互联网金融等多个消费场景领域的现金贷、信用贷产品的授信审批，其中助贷、联合贷产品覆盖了拍拍贷、360、分期乐、京东金融等 50 多家合作机构，服务客户数有 500 多万，累计放款金额 900 多亿元。

打造破解数据“可用不可见”的武器——华控清交

多方计算技术

多方计算理论（multi-party computation）是由姚期智教授于 20 世纪 80 年代最先提出，并从数学上证明了凡是可以在数据明文上进行计算的理论上都可以在密文上直接进行计算，并得出与明文计算完全一致的结果，同时提出了在密文上计算的方法。

近年来，随着数据安全融合的需求呈爆发式增长，多方计算逐步实现了工程化。多方计算是对明文计算的有力补充，适用于高敏感度和高价值关键数据的计算，能够有效化解数据隐私保护与数据融合之间的矛盾。实现多方计算技术的机制包括基于秘密共享、混淆电路、不经意传输、同态加密，以及基于公钥技术和半同态加密等。这些机制都是密码学技术的综合运用，是不完全依赖计算环境安全且保证数据可用的高安全级别数学变换。通用的多方计算是采用重载最基本的加法（或者 XOR）、乘法（或者

AND）及比较运算达成的，任何计算逻辑均可通过安全的加法和乘法运算复合而成。

多方计算技术是专门为数据安全融合而生的技术，其突出特征是多个参与方可以协同计算一个以各自数据密文作为输入的指定函数，整个计算过程中无须解密还原出数据明文。其安全假设是不信任硬件、不信任软件、不信任人，因此，即使在一方甚至多方被攻击的情况下，多方计算技术仍能保证这些输入不被意外泄露，同时保证计算结果的正确性。随着计算机理论和技术的飞速发展，目前多方计算已经具备了初步实用性，应用手段也正在不断取得突破。姚期智教授领衔创立的华控清交信息科技（北京）有限公司（以下简写为“华控清交”）在这个领域走在世界的最前列，以“数据可用不可见”解决了数据信息泄露问题，以“数据按用途用量使用”解决了数据滥用问题，并且在工程上还实现了密文和明文混合计算及动态数据密文（数据流）计算。华控清交通过多方计算技术，建立了一套允许互不信任的参与方在保护隐私信息且没有可信第三方的前提下，进行协同计算并能得到正确结果的隐私计算体系。以此技术建立的计算平台具有确保输入的独立性、计算的正确性、分布式计算等特征，同时不把各参与方的输入值泄露给参与计算的其他任何成员。在确保数据不会泄露的前提下，打破政府各部门之间、政府与不同行业之间的数据壁垒，连接数据孤岛，为我国加快推进数据要素国家战略奠定基础。

多方计算技术全方位丰富了金融机构在“获客营销 – 风险防

控－监管治理”等全流程运营中可用的数据维度，既保障了各方数据安全，又有效实现了金融业自身的高质量发展。在获客营销方面，基于多方计算的典型应用场景为客户精准画像。金融机构通过与互联网平台及 SaaS（软件即服务）企业合作，接入数据安全融合平台，由此获得全方位客户画像，更精准地判断融资主体风险。并且，金融机构还可通过开通线上获客渠道，有效扩大自身目标客户群，在降低信息获取成本的同时打通银行产品营销及贷款融资等业务通道，降低小微企业融资成本。在风险防控方面，多方计算技术可以构建提供隐私查询服务的黑名单共享平台，实现查询金融机构不知道各数据提供方提供的黑名单的具体内容，数据提供方不知道查询金融机构的具体查询条件，各数据提供方相互不知道其他金融机构提供的具体黑名单内容。另外，黑名单查询平台可限制查询方法，但不能获取任何其他查询信息，查询金融机构须被查询机构授权才能解开查询结果密文，获得黑名单具体结果。通过此机制，金融机构将大大提升风控效能。在监管治理方面，多方计算技术可实现基于隐私保护的穿透式监管。在不损害现有监管数据利益格局的前提下，负责系统性金融风险监测的监管机构可通过多方计算技术，对涉及多方交易的行为发起交易真实性核验，在不泄露业务细节的情况下，综合全流程监管信息建立监测分析模型，把资金来源、中间环节与最终投向穿透连接起来，透过金融创新表象全方位、自动化分析金融业务本质和法律关系，精准识别、防范和化解金融风险，强化监管渗透的深度和广度。

获得政务数据的重要性

政务数据在金融、医疗、教育等领域有丰富的应用场景。我国中央及多地方政府已陆续建立起政务大数据共享及融合平台，并针对数据隐私和安全保护的问题着手开展相关制度的建立。有研究显示，政务数据在我国金融机构的风控及决策环节至关重要。然而，鉴于我国当前的相关法律体系尚不完善，保障数据安全和个人隐私是连通政务数据和金融业所面临的主要挑战。对此，基于多方计算技术的数据安全融合平台可在明确各方数据所属权和管理责任的情况下，实现政务数据在金融机构“可用不可见”，在保障政务数据安全的同时，充分释放政务数据在金融领域的应用价值红利。

第一，政务数据开放相关政策的要求。为有效管理并应用政务数据资源，实行及时有效的社会监管和治理，我国自 2004 年起陆续发布了一系列关于推进数字化政府建设及信息有序共享的政策。近年来，政务数据的开放共享被提升至“国家战略”地位。2015 年，国务院印发《促进大数据发展行动纲要》，提出加快政府公共信息资源开放，并要求在 2018 年年底前建成国家政府数据统一开放平台，率先在金融、信用、交通、医疗等 20 个领域实现公共数据资源合理适度向社会开放。为响应此纲要，我国自 2018 年起陆续上线了 50 余个符合政府数据开放基本特征的中央部委、地级市及以上平台。这些开放数据主要以各机构建立的公开数据信息服务网站形式呈现，但并未融合至统一的共享体系。

2016 年，为继续推进政务数据开放共享，国家发改委印发了《关于组织实施促进大数据发展重大工程的通知》，进一步提出构建完善公共数据开放制度和建立统一的公共数据共享平台的基础设施。2020 年，中共中央和国务院发布《关于构建更加完善的要素市场化配置体制机制的意见》，明确把数据列为生产要素，并提出了加速培育数据要素市场的三点要求：推进政府数据开放共享、提升社会数据资源价值及加强数据资源整合和安全保护，其中把政府数据开放共享作为数据要素市场培育的基础。

第二，金融领域存在应用政务数据的迫切需求。金融业天然具有数字基因，特别是近年来，我国深刻认识到发展金融科技的紧迫性、必要性和重要性，以重点突破带动全局，规范关键共性技术的选型、能力建设、应用场景和安全管控等，取得数据驱动的金融创新发展新突破。2019 年 8 月，人民银行发布《金融科技（FinTech）发展规划（2019—2021 年）》，提出将金融科技打造成为金融高质量发展的“新引擎”，并在科学规划运用大数据相关要求中明确提出，打通金融业数据融合应用通道，破除不同金融业态的数据壁垒，化解信息孤岛，推动形成金融业数据融合应用新格局。

在实践中，随着数据挖掘、分析、可视化及人工智能等技术的应用日益增长，多维异构数据间的关联画像得以展现，大幅度激发了数据在金融领域可发挥的价值。依靠海量数据，金融机构得以更全面、准确地分析企业类型和财务状况等风险维度，优化风控模型，降低业务成本，更好地服务需要融资的企业。然而，我国金融业各数据拥有方出于对数据安全的担心，设置针对其他行业数据进入金融领域的数据壁垒的现象仍然十分突出。

目前，金融行业最迫切需要接入的数据之一是政务数据。政务数据具有高权威性、高准确率、高可信度，在金融机构的授信决策中有重要的参考作用。人民银行成都分行营业管理部课题组在一项关于政务数据在金融业开放共享的研究中，调查了成都市21家商业银行对政务数据、征信报告、行为数据和交易数据的重要性评估。[①] 结果显示，政务数据是金融机构眼下最迫切需要引入的信息来源，也是除中央银行征信以外在授信管理中最重要的决策依据，其中工商、税务、司法类数据的重要性得分最高。这些商业银行普遍反映，政务数据的重要性远高于已接近市场化运作的第三方数据，但当前政务数据获取渠道不通畅，导致它们的政务数据主要来源仍为申请者自行提供。

海量数据不能用

明文数据特点导致政务数据融合难。明文数据具有其自身特点：复制成本低，几乎可以无限地被复制；使用没有排他性，可同时被多方使用；数据本身的损耗低，在使用过程中还会随时生

① 资料来源：中国人民银行成都分行营业管理部课题组．政务数据在金融领域的共享应用［J］．中国金融，2020（9）．

产出新的数据。这些也常常被称为是明文数据的优势。然而，正是由于明文数据的这些特点，却正好成为明文数据大规模分享的掣肘。传统信息共享方法是基于明文数据，而明文数据一旦被看见就会泄露具体信息，难以限制其用途和用量，难以厘清“责、权、利”。因此在现实中，明文数据一旦泄露便会导致数据滥用问题，数据所有方在分享数据时顾虑重重，尤其是在个人信息及隐私保护要求日趋严格的背景下，不愿、不能、不敢共享数据成为政务数据开放最大的瓶颈。所以，政务数据以明文方式进行融合，仅适合于非敏感、非隐私性信息。随着数据融合共享与数据隐私保护和安全之间的矛盾日益突出，建立保护数据安全隐私的政务数据融合平台，成为下一阶段政务数据开放共享的重点。在政务数据开放共享中，如何既加强对政务数据的保护，又防止政务明细数据造成的安全损失，是摆在各级政府面前的现实难题。

金融领域尚不能很好地应用政务数据。随着大数据技术迅速发展，近年来我国民众的生物信息、金融交易及行为数据等，已基本全部转为数字化形式存储。当前，政府部门、金融集团及互联网平台等汇集了海量数据，包括居民生物信息、位置数据、用户交易及行为数据等，这些数据存储包含大量敏感信息，一旦泄露将直接危害公民权益，甚至影响社会金融稳定和经济安全。因此，出于对数据安全的考虑，政府部门及企业往往选择不开放共享数据，严重造成各行业间的数据壁垒。数据显示，截至 2019 年，我国共有 31 个省级行政区出台了 231 份涉及“政务数据开放”的政策文件，其中有 10% 提到数据安全、隐私保护和数据开放立法的问题。[①] 同时，由于政务数据治理机制不健全，包括数据接口不规范、数据共享规范性和兼容性不足等，整个政务数据产业链仍处于比较无序的状态。相关调研显示，政务数据管理机制的缺失表现主要有二：一是有些政府部门认为数据隐含部门权利，担心共享会导致自身失去数据优势；二是一些政府部门倾向于原有的工作模式，不愿共享，或碍于行政命令仅开放非核心数据。许多地区虽然设立了大数据共享中心的管理部门，但其实质上只负责建设基础系统，并不重视数据治理机制，部门间数据共享的权责界定不清，缺乏有效的监督和激励，导致政务数据的开放共享难以推动。

在这个背景下，金融领域应用政务数据的需求并未得到充分满足。特别是在当前全球面临新冠疫情冲击常态化的过程中，我国大力推出保市场主体、保民生就业稳定等支持小微企业融资的措施，将支持小微企业融资、降低小微企业融资成本作为金融抗疫的重点工作。然而，由于小微企业融资过程中普遍存在信息不对称问题，加之其自身经营风险较大、财务制度不健全，导致金融机构核实小微企业信息成本较高，难以有效评估小微企业贷款风险，所以金融机构有迫切需求，通过融合司法、社保、工商、税务、海关、电力、电信等行业数据，获取更加完善的小微企业画像，破解小微企业信贷过程中出现的获客成本高、信息不对

---

① 资料来源：https：//finance. sina. com. cn/money/bank/yhpl/2020 －05 －14/doc-iirczymk1609852. shtml

称、定价不精细、风控不完备等问题，从而更精准、更安全、更便捷地提供小微企业融资支持服务，更好地支持小微企业发展。可是，司法、社保、工商、税务、海关、电力等大部分数据都属于政府部门掌管，由于我国政务数据的开放尚处于起步阶段，所以这些数据尚未充分形成有效的社会价值输出。

解决方案：基于多方计算的数据安全平台破解数据难题

基于上述金融业对政务数据的迫切需求，在某区市大数据局的邀请下，华控清交探索开发了一套基于多方计算的政务金融数据安全融合平台，开放给该市金融机构使用，实现了政务数据在金融领域的安全共享及应用。

基于多方计算技术的政务隐私数据共享平台，可实现明文数据的归属和保管责任仍在各提供数据的政府部门，从而有效打破政务数据跨部门集中融合的责权利划分不清问题。在该平台上，金融行业可实现包括人口、宏观经济、信用信息、工商税务等数据的安全融合和应用，但金融机构仅能获得密文数据得到融合后的计算结果。如使用单位需要保存数据结果，其存储和使用均为密文环境，有效防止了内部数据泄露，通过政务数据“可用不可见”的方式，为金融行业全方位应用政务数据奠定了坚实的基础。

在本案例中，华控清交搭建了一套具有创新性、领先性和实用性的数据加密共享应用系统，作为政务数据的归集、处理和共享的支撑平台，能够为该市数据金融风控及城市大脑等建设项目提供底层计算支持。具体来看，该系统具有完整的七大功能模块，包括源数据接入、算法参数接入、密文数据计算、结果数据解密、参与方和数据管理、任务管理、用户及权限管理。同时，在坚持对原有流程做最小改造的原则下，系统结合该市政务数据平台的原有流程，仅增加数据的多方计算选项，高效实现了原有政务数据平台数据的加密共享应用。该平台在实现该市所有政务数据安全归集和安全共享的基础上，将政务数据安全共享给金融机构，从根本上探索出了一条金融机构有效利用政务数据的标杆性道路。

平台设计逻辑

在基于多方计算的敏感数据保护方案中，此政务数据安全融合平台将逐步推广更多领域间的数据汇通模式，针对敏感性高的数据，在原始数据留在所有方本地不汇聚的情况下，实现“数据不搬家”的融合分析。

技术架构

基于多方计算的政务金融数据安全融合平台由 6 个模块组成（见图 1－3）：

（1）基础架构层：提供计算、存储、网络等基础设施服务。

（2）数据基础层：提供数据接入、治理、质量评判和标准化服务，并且能够为数据合作参与方提供租户服务。

（3）数据服务层：建立和管理数据目录，支持参与方发布数据服务和算法服务，金融机构（数据使用方）、政府部门（数据提供方）和算法提供方能够订立合约。依托区块链特性，保证数据服务的可追溯及不可篡改性。

（4）数据应用层：根据数据的不同敏感程度对应的安全需求，提供不同的数据合作应用方式。对于高敏感度的数据，提供基于隐私计算的数据安全融合服务。

（5）平台运营层：管理参与方，对数据和算法的使用情况进行统计和分析。

（6）系统管理：提供包括数据存证、审计监管、智能运维、权限管控和身份认证等在内的各项管理功能。

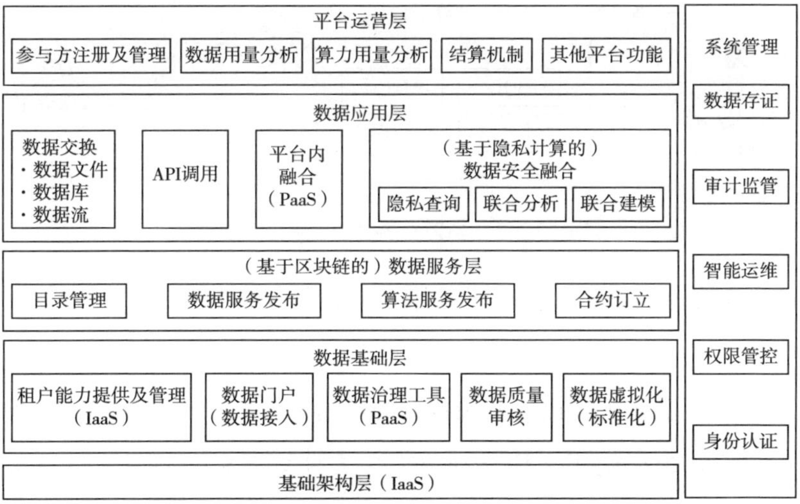

图1-3 基于多方计算的政务数据安全融合平台的整体架构

平台工作流程

政务金融数据融合平台参与模式如图 1 –4 所示。平台主要参与方为政府部门（数据提供方）、金融机构（数据使用方）和算力提供方。政府部门将数据以密文形式接入算力提供方搭建的多方计算平台，金融机构将算法接入平台。平台用算法和数据计算出密文结果，并返回给金融机构。金融机构将密文解密为明文，获得其需要的结果。

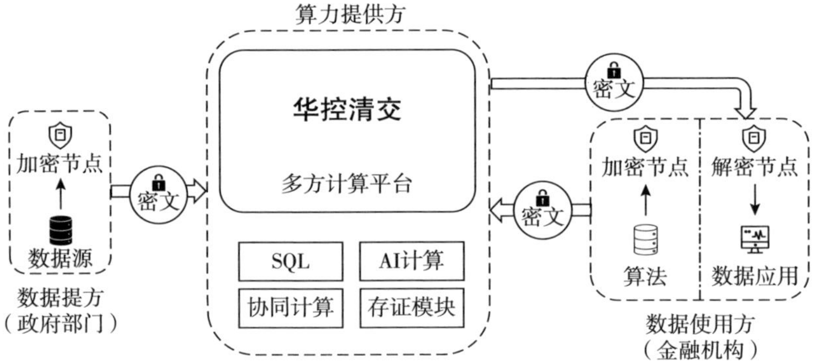

图 1 –4　多方计算平台参与模式

金融机构在使用多方计算平台时，服务流程如图 1 –5 所示，包括：

（1）金融机构提交使用数据的申请。

（2）数据使用申请自动传入多方计算平台，同时，金融机构将应用算法提交到多方计算平台。

（3）政府部门收到数据使用的申请、应用算法之后，经过评审，选择同意该请求。

（4）多方计算平台自动将政府部门提供的数据加密上传到平台，并进入计算过程。

（5）计算完成后，政府部门收到密文结果，审查结果安全之后，密文结果被发送至金融机构，并在金融机构部署的解密节点中解密成明文结果，多方计算过程完成。

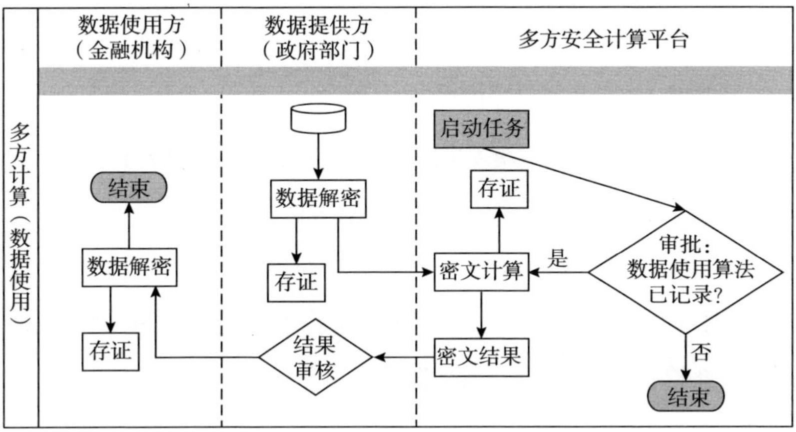

图 1－5　金融机构使用多方计算平台的服务流程

基于多方计算的政务金融数据融合平台有效释放了数据的使用价值，在各行各业有着广泛的应用前景。特别是在金融领域，该平台能全方位丰富金融机构全流程业务的可用数据维度，既保障各方数据安全，又为金融机构便捷应用政务数据打开了通道。具体来说，平台可以应用的场景包括客户画像、风险防控，以及金融监管等，金融机构通过应用多方计算技术，与平台中涉及的企业合作，各方数据通过自有的数据接口接入平台，使金融机构能通过平台获得全方位的客户画像，更精准地判断客户风险。特别是在当前支持小微企业融资、保市场主体的抗疫常态化背景下，金融机构能通过信息获取有效降低小微企业融资信息不对称，减少小微企业融资成本，助力打好金融抗疫攻坚战。同时，在金融风险防控方面，多方计算技术可构建基于政务数据融合的金融风险共享平台，帮助金融机构大大提升风控效能。在监管治理方面，多方计算技术可实现政务数据平台与金融监管机构平台数据的有效互动，帮助监管机构获得更多维度的监管信息共享，提高政府跨领域、跨行业的治理水平。

基于多方计算的政务数据融合平台定位为公共服务平台，固定资产投入将由政府和平台承担，金融机构仅需承担己方成本。平台旨在实现政务数据向金融赋能，丰富金融行业数据维度，助力金融行业增强风控能力，同时保证政务数据的安全及合规使用，维护金融科技安全，减轻监管方的压力。

代表性应用场景：数据金融风控场景

社保、车辆及交通等数据属于政务数据，在金融机构的产品营销及风控环节有着高参考价值。通过客户的社保、车辆品牌、车险、交通违规记分等信息，金融机构能够更准确地判断客户的收入花销水平、风险承受级别及信用履约能力，据此进行精准获客营销和风险防控。然而，出于隐私和安全考虑，当前金融机构难以获得这些数据。对此问题，多方计算平台的技术可以实现让金融机构只得到依据数据得出的计算结果但看不到数据，在保护客户数据隐私的情况下充分发挥数据的作用，助力金融业的健康发展。平台将接入密文形式的客户数据和金融机构得到所需结果的算法，算法通过审核后将被应用在客户数据上，通过加密计算方法计算出该客户的收入开支水平、风险承担能力及信用履约能力，并返回至金融机构用作产品营销及风控环节的参考。

金融机构利用平台政务数据进行风控的架构如图 1－6 所示。具体实现过程为：

（1）数据接入节点：客户的社保、车辆及交通数据由各部门加密接入多方计算平台。

（2）算法审核模块：金融机构，即数据使用方在通过多方计算技术使用数据时，会通过样例数据对算法进行审核，金融机构在通过数据使用合规性审核后才能正常使用该算法。

（3）计算节点：金融机构实现对加密数据的计算，通过审批过的算法得到密文的数据计算结果。

（4）数据解密节点：对密文的计算结果进行解密，得到风控结果，并返回至金融机构。

基于多方计算的数据安全融合平台将政务数据接入金融领域，是一款具有创新性、领先性和实用性的大数据加密融合平台。该平台能够让金融机构在看不到客户信息的同时充分利用其计算价值，实现高效的获客营销及风险防控工作。具体来说，多方计算技术将实现政务数据融合平台的敏感数据不出库，计算过程零缓存，保障数据应用中端到端的安全，避免平台运营方和数

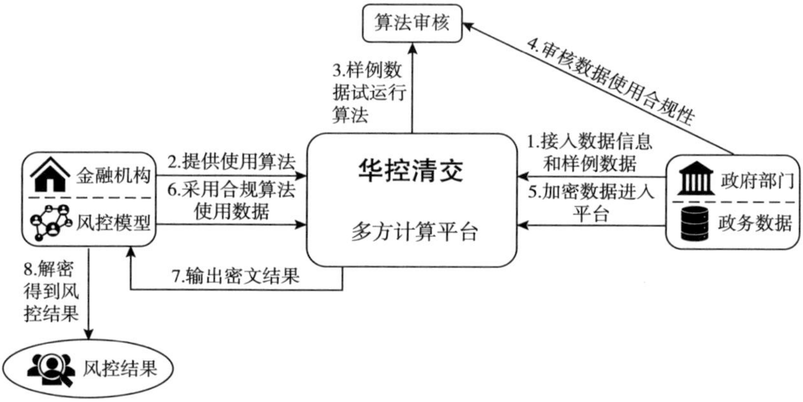

图 1-6　数据助力金融业风控架构

据使用方接触非必要的数据内容，在保证数据安全的同时保留完整的数据价值。另外，该平台可以明确数据控制者角色，清晰划分责任，分离数据归属权和使用权，做到数据可用而不可见，在多方数据融合场景中做到全程可信留痕，确保数据流转和使用可追溯，做到数据合作的公开透明。

基于多方计算技术的政务大数据平台能够实现政务数据在金融业的安全融合，从根本上破解了一直以来的政务数据融合难题，打消了数据价值链的不同环节对数据归属、数据安全和隐私保护的顾虑，从而打通数据价值链，强化大数据和人工智能的专业化分工协作，形成广泛的价值链闭环，为连接数据孤岛创造条件，协助提升金融业的产品营销和风控水平。

连接产业供应链，助力金融机构实现可持续增长的数字化转型——京东科技

银行发展的诸多痛点

京东科技集团是京东集团旗下专注于以技术为产业服务的业务子集团，致力于为企业、金融机构、政府等客户提供全价值链的技术性产品与解决方案。依托人工智能、大数据、云计算、物联网等前沿科技能力，京东科技打造出了面向不同行业的产品和解决方案，以此帮助全社会各行业企业降低供应链成本，提升运营效率。融合了原京东数科及云与人工智能两大技术业务板块，京东科技已成为京东集团对外提供技术服务的核心输出平台，拥有丰富的产业理解力、深厚的风险管理能力、用户运营能力和企业服务能力，能面向不同行业为客户提供行业应用、产品开发与产业数字化服务。

针对银行机构在其经营管理，特别是数字化转型过程中存在的诸多痛点，京东科技致力于帮助客户解决三大核心问题：第一是如何降低成本，第二是如何提高收益，第三是如何控制风险。京东科技提供产品和服务解决方案的核心在于人工智能、大数据、云计算、物联网这些前沿科技能力。在此基础上，京东科技“以客户为中心”开启产业数字化的新征程，通过链接实体经济场景和用户，依托于所具备的行业知识和储备的专业人才，以不

断发展的前沿科技为动力，深入各行各业产业链、供应链，推动产业互联网化、数字化和智能化，与合作伙伴共生共建，重塑产业链的增长，最终帮助合作伙伴降低成本、提高用户体验、增加产业收入和升级产业模式。

截至2020年6月末，在金融机构服务领域，京东科技已为包括银行、保险、基金、信托、证券公司在内的超600家各类金融机构提供了多层次的数字化解决方案。

值得关注的业务方向

京东科技为金融机构提供“技术＋业务”的一站式数字化解决方案，帮助金融机构完成数字化升级。这一解决方案可以用“七大战略”进行概括，其中包括大零售、供应链金融、金融市场转型三大业务战略，智能风控、智能营销运营及敏捷架构三大科技战略，以及一站式的生态场景战略。在方案中，业务战略重塑银行经营模式和差异化竞争优势，科技战略助推银行科技创新和研发效能体系升级，生态场景战略帮助银行实现获客、获利（见图1－7）。

业务战略重塑经营模式

1. 京东智臻链再造小微金融服务

作为自主研发的企业级区块链框架系统，京东智臻链底层引

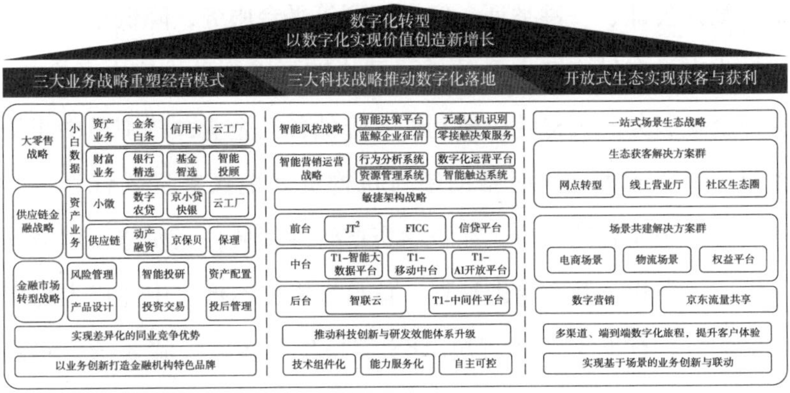

图 1－7　京东科技银行数字化转型解决方案示意

擎 JD Chain 适用于多种通用业务场景，采用组件化的设计理念，共识、账本、合约、存储等各组件实现了可插拔替换。目前 JD Chain 已突破单链每秒 2 万笔交易的吞吐能力。在 JD Chain 开源的基础上，为了更好地支持客户进行企业联盟链组件，京东科技研发了 JD BaaS 平台（智臻链区块链即服务平台），此平台提供一键部署、企业组网、身份管理、多底层支持、密钥保险、ChainEye 浏览器等功能。

通过 JD BaaS 平台，用户只需 30 秒就可搭建一个可运行的多组织的区块链网络。JD BaaS 平台支持的“商品溯源”“ABS（资产证券化）云网络”“数字存证”等京东内外部区块链环境搭建项目，累计已部署超过 1 000 个节点。

区块链技术在金融科技相关行业具有广阔的应用前景。在数字存证领域，区块链可以接入仲裁委、公证处、互联网法院、司法鉴定中心等外部可信联盟，提供身份认证、证据保全、司法鉴定、赋强公证、一键举证、安全评测等平台服务，降低全产业链交易成本。在供应链金融领域，区块链可以帮助推广电子仓单，提升金融服务的可得性、便利性，降低各类企业，特别是中小微企业的融资成本，同时帮助银行机构更好地探查贷款背景真实性、管控企业履约风险。在贷后资产管理领域，区块链可以应用于资产证券化，其交易即清算、信息披露成本低、中介成本低等突出优势，有助于切实解决 ABS 交易环节多、步骤繁杂、底层资产透明度差等痛点，提升资产的安全性与流动性。

在资产管理业务中，通过引入以京东智臻链为代表的区块链技术，银行等金融机构从形成底层资产、进行产品发行和日常管理，直至完成二级市场交易的整体效率大为提升。通过实施快速组网、部署，产品上线联调从以往的 2 个月缩短至 2 天左右；各节点业务人员可透过可视化界面便捷、实时查看全流程数据，且全部数据上链，有效防止丢失篡改；除传统理财资管产品外，其构建的资产集市还可支持消费金融、现金贷、供应链金融等各类资产的识别、计算和价值管理，满足资管计划管理人、托管银行、资产服务商、会计师事务所、律师事务所、评级机构等其他服务支持机构的个性化管理需求，为全行业提升效率、管控风险提供了更加有利的技术工具。

2. 京东科技“JT^2 智管有方”提升金融市场运行效率

资产管理是金融市场和银行金融业务的重要组成部分，其核心在于发现各类资产的真实价值，并基于持有、交易等操作实现投资回报。对银行等多方参与者而言，对各类底层资产进行合理估值定价，并对资产配置、资产交易进行科学决策，对资产管理全流程中的各个节点风险进行及时发现、有效管控，是长期以来的重大难点，也是京东科技赋能合作机构的重要方向。基于此，京东科技推出“JT^2 智管有方”产品解决方案，可以为包括股票、期货、各式期权等权益类资产，债券等固定收益资产，以及外汇、商品、贵金属等其他各类资产创建定价系统，并基于历史上的交易价格数据与未来价格走势预测，为各品类的基础定价及日常价格监测、报价管理、损益计算等提供智能数据支持。

在精准掌握各类资产定价机制，并对一段时期的价格变化进行合理预期后，资产管理者通常需要根据资金委托方的预期收益、流动性、风险承受能力等投资目标，对金融市场上可供选择的各类资产进行筛选入池、组合配置和灵活调整，这在很大程度上取决于管理者对细分市场的价格影响因素、影响机制、影响范围和路径的理解与判断能力。这里，JT^2 智管有方不仅提供全市场、各机构、不同投资标的的基础数据、行业信息、专业分析与价格计算工具，还能基于其具有的大数据挖掘能力，完成多变量高维运算，特别是复杂事件的归因分析，从而为股票、债券、基金、外汇等不同市场的大类资产配置、具体资产交易提供更加实时和精细化的决策支持。

京东科技的智能化综合研究体系，满足了各类金融机构资产管理、投资决策科学化的切实需要。京东科技在宏观经济、股票信息、债券信息、企业财务等海量数据基础上，结合自身丰富、灵活的开发工具，特别是在不同业务场景下的指数开发模型，实现线上消费行业指数、行业预警指数及各子行业定制指数的自动持续更新、发布及个性化订阅。同时，还可以在广泛采集市场信息、行业研报的基础上，通过半结构化数据解析，自动生成差异化的研报内容，挖掘投资线索，提前预知和预示风险；对市场价格、政策法规和社会舆情变化进行预测和及时响应，为生态内不同功能角色操作者的产品设计、销售和管理提供更加有利的科学决策依据，最终提升全市场的运行效率（见图 1－8）。

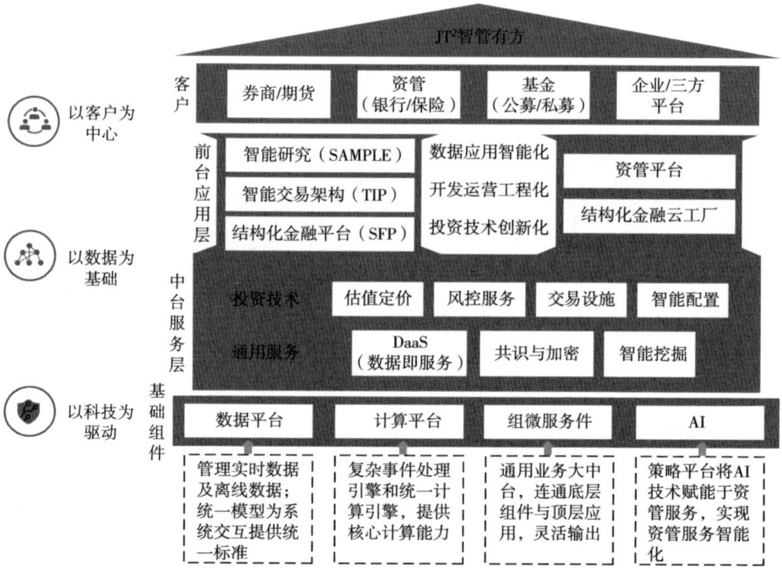

图 1－8　京东科技 JT² 智管有方示意

科技战略助推数字化落地

1. 京东科技金融云移动中台改进银行线上渠道管理

移动中台是帮助银行改进线上渠道管理、提升运营效率的重要解决方案。在业务实践中，部分银行推出的手机银行、微信银行等各移动应用的开发服务商不同，开发时间亦有先后，造成此类移动应用在开发框架、底层架构、接口标准上并不兼容，各应用渠道间的有效集成、统一运维受到制约，极大增加了管理员的操作成本和风险，也常常影响了用户在全渠道下获得一致、良好的体验。

京东科技金融云移动中台通过搭建移动框架，输出适于不同场景、不同端口的组件体系，可以支持不同渠道端非技术背景人员快速锁定问题、快速实现需求，完成对模块开发、页面生成、权限变更、数据投放、消息推送等操作的快速响应。无论是通用业务，还是针对特定时点、特定场景的个性化营销与活动推广需求，该移动中台都可以支持业务人员简易搭建活动页面，并在不同渠道端快速发布、灵活调整，从而有效缩短开发上线周期，压降不必要的开发与改造成本，化解在全渠道高并发、各渠道各自调整过程中衍生的一系列问题。

除了解决在多个移动渠道快速上线、稳定运行的痛点，银行在渠道端管理的过程中面临的另一难题，是如何激活渠道使用、增强用户活性。移动中台为银行提供包含 App、H5、小程序、公众号、直播和短视频等在内的多端融合的一站式服务支持，不仅解决开发、测试、运维等相关问题，还注重输出其长期积累的线上数字化运营能力，帮助金融机构更好地适应在移动互联网、产业互联网时代“大规模上线”与“精细化运营”特征并存的管理要求，提升渠道管理的可控性与内容输出的丰富性。

2. 京东科技金融云数据中台挖掘银行数据资产价值

作为银行数据资产、数据服务的重要提供者，“数据中台”的概念正在得到业内的广泛关注，其一端连接数据开发后台，另一端连接业务应用前台，扮演优化数据模型、提升数据质量的重要作用，具有高性能、安全、快速提供服务等重要特征，可以帮助银行充分挖掘底层数据，特别是非结构化数据价值，缩短新业务和新产品的创意设计、开发测试与落地推广周期，特别是利用数字化的计算、搜索与预测能力，实现业务模式的敏捷优化。

京东科技金融云数据中台为银行提供从数据获取到构建数据生态一揽子服务。在获取阶段，数据中台可以打破“数据孤岛”，全面、实时、高质量地对接和管理不同来源和类型的海量数据；在治理阶段，可以高性能、多样化地实现各类数据资产的有效管理；在分析阶段，可以运用多种智能分析技术，对多元数据进行实时和协作分析；此后，还可以支持对数据中业务价值的快速发现和验证、数据输出的规范治理，实现“从数据到价值，再从价值实现过程中积累更多数据”的完整闭环。

数据中台在金融业务中一个重要的赋能方向是客户获取。以银行为例，无论是通过传统渠道吸引客户主动申请，还是利用外部场景生态引流获客，都离不开对目标人群的精准定位和精准判断。伴随“科技”与“互联网”元素在金融生活中的深入渗透，线上用户的金融消费内容、观念及行为特征发生了深刻改变，“海量、分散、高频、小额”等趋势日益突出，银行由于缺乏对用户消费习惯、金融需求的全面有效洞察，往往出现优质用户来源匮乏、次级用户逆向选择增多、获客转化效率低下、流程体验不佳等伴生痛点。同时，原有的线下用户不断流失和趋于睡眠，也倒逼银行迫切思考活客、黏客问题。在此方面，数据中台可以按多维度、优先级聚拢用户，帮助合理分配营销资源；可以找准用户的真实需求与营销线索，制定个性化服务方案；可以评测用户交互体验、痛点，优化产品流程设计，最大程度减少用户流失；可以推动跨条线数据开放共享、产品协同展示，争取复用用户价值，减少流量浪费（见图1－9）。

3. 京东科技金融云技术中台实现银行 IT 敏捷迭代

伴随行业信息化建设的不断提速，银行在数字化转型过程中需要面对的发展机遇与挑战日益突出。比如，内部 IT 架构庞杂，不同条线、机构“各自为政”，壁垒坚固，存在产品线或功能模块间大量重复建设与低效运营；难以快速、有效实现系统和产品迭代，自建系统的开发成本高、建设周期长，外部合作则受制于采购成本、系统兼容性、长期可控性、政策合规性等一系列制约；现有技术支持能力难以充分满足数据分析、用户管理、流程再造和效率提升的现实需要，成为数字化转型升级的重要掣肘。

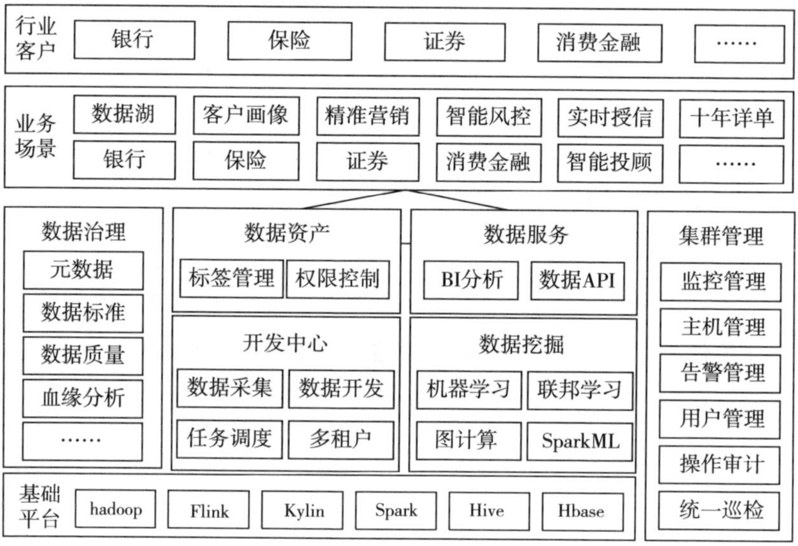

图 1－9　京东科技数据中台解决方案示意

在此情况下，配置高效技术中台，对开发、改造需求进行充分评估和有效整合，对系统架构进行整体、灵活、可延展的合理规划，成为银行更好地满足用户需求、合理调配 IT 资源、实现降本增效的必然之举。

京东科技金融云技术中台的关键在于基于分布式技术的架构转型。所谓“分布式”，是指“在通信网络互联的多处理机体系结构上执行任务”，这相对于银行传统的单体式架构具有显见优势：第一，可以极大增加系统容量，适应大规模应用场景及某点特定场景和时点下高并发业务量带来的技术处理需求；第二，可以实现敏捷开发与上线，即通过并联处理开发、上线需求来提升效率；第三，可以增强系统可用性，通过整体优化实现单点故障隔离，从而在部分模块缺陷修复、功能变更时不至于影响其他模块的正常运行；第四，还可以提升系统可延展性，结合业务特点进行伸缩，在满足弹性需求的同时，减少不必要的运营成本投入。

技术中台解决方案还具有如下特质：首先，京东科技输出的是大量分布式组件、中间件，可充分赋能金融机构根据个性化的实际业务需求，灵活选用各类组件与原有系统对接、转换，既不需要对已有核心系统推倒重来，又不必担心因为采买整装外部系统而为原系统不兼容、不互认，从而在使用组件的全过程中自主可控；其次，相关组件支持基于不同特定需求的整合包装，可过滤掉不必要的底层技术细节，而只提供便于接入、易于操作的技术能力接口，实现无缝集成，减少银行方的学习成本和决策成本，为广大合作银行特别是新加入银行提供有力支持。

生态场景战略促进行业协同

京东科技菁卡打造联盟卡开放权益体系

京东科技倾力打造的信用卡数字化运营解决方案，与银行、场景服务机构、著名品牌等联名发布，持卡人权益不仅来自京东商城和京东体系内，也来自京东科技连接的广阔外部生态。京东科技通过对全场景的深入挖掘，可以更加准确、动态地针对“娱乐”“商旅”“母婴”等细分人群，深入拓展与视频网站、航旅平台、母婴论坛等场景化的外部机构合作，将原先银行与权益机构基于权益采购的一次性付费关系，变为多家机构联合获客、联合捕捉营销商机的长期互助。在帮助用户得到与其潜在需求、预期更加一致的权益服务的同时，全行业联盟有助于银行黏客、活客和促成价值用户转化，也有利于权益机构抓取匹配度更高的目标人群，为长期用户经营奠定基础（见图1－10）。

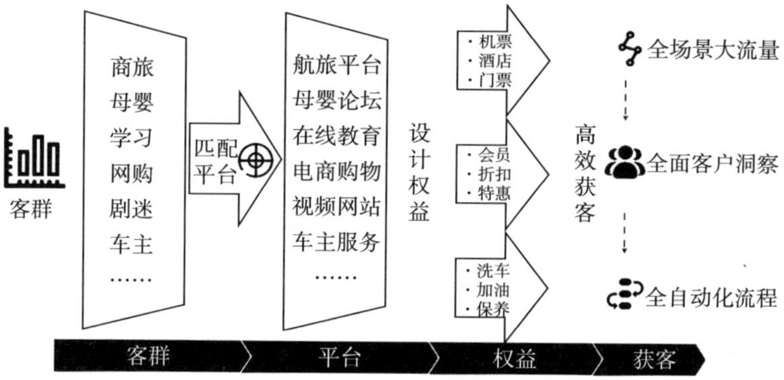

图1－10　京东科技菁卡生态联盟示意

为“金融科技＋银行”业态发展提供更大的想象空间

回顾过去20多年来的互联网和金融科技发展历程，可以看到弱金融属性、强线上特征的细分金融领域（如线上支付、财富管理、消费金融等）已率先一步启动数字化升级改造，而小微金融、企业金融、资产管理等强金融属性、强线下特征的金融领域数字化程度仍然偏低。在“后疫情时期”，产业数字化大潮加速到来，特别是线下强金融业务加快向线上迁移，为“金融科技＋银行”业态的发展提供更多想象空间。京东科技提出了面向未来的发展战略，为金融科技赋能银行业发展提供了思路借鉴。

以用户为中心，创造产业发展长期价值

“京票秒贴”是京东科技推出的创新型票据融资信息平台。在以往，中小微企业与银行等金融机构长时间信息不对称，票据融资申请难、周期长、费用高是困扰企业发展的普遍难题。在京票秒贴平台上，企业及其经办人可全流程线上操作，最快 20 分钟即可完成贴现，并且贴现的对手方是银行，手续正规，报价透明。只要企业有针对电子银行承兑汇票的贴现需求，通过平台等拍照上传票面信息，凭借一键试算功能，即可查看多家金融机构的报价，自主选择与意向银行签约，随时发起、快速办理在线跨行贴现业务。目前，银票秒贴接入 10 余家银行，服务超过 5 万家小微企业，笔均交易金额约 45 万元；商票秒融帮助建筑工程、金属、材料等多个行业供应链上的中小微企业完成商票融资，缓解了企业现金流压力，笔均交易金额约 58 万元，在助力企业破解融资难、融资贵等难题的同时，也帮助银行降低操作成本、提升业务效率。

数字科技激发新的场景化应用需求

智能客服是银行用户经营降本增效的重要方向。京东科技提供的智能客服，可以通过对话机器人和人机协作，提升用户体验和客服效率。基于 GAN（生成对抗网络）、迁移学习算法实现 FAQ（常见问题解答）生成技术，智能客服使人工智能自动生成

相似问法加强模型，正确率达 80% 以上，可大大减少运营人员的工作量，增加应答模型准确率。这一智能客服情感分级较细腻，可以根据文字交互敏感词、语音交互音量及敏感词等识别实时感知用户情绪。一方面，在用户不满时给出安抚对话；另一方面，也便于及时将不满用户转至人工服务。此外，通过智能外呼机器人，银行还可以降低人工成本，提高产品营销、风控催收等工作效率。

在京东科技的“智能运维解决方案”中，通过机器人采集机房地图，并根据管理平台设置的巡检任务启动自动巡检，可对待检测的银行机房信息进行智能检测和判断，若诊断出故障，及时发出声光提示与告警通知，并向管理平台输出完整的巡检报告。管理平台汇总巡检数据，动态分析并可视化机房设备、环境、告警数据，便于精准定位和快速处理。对于出入机房的人员，机器人可进行身份验证和行为监控，降低操作风险和合规风险。这一方案通过多系统联动，实现了线下巡检标准化和线上数据价值化，提高了运维标准与效率，帮助银行机构打造数字化、智能化和更稳定安全的智慧机房。

从单边赋能走向共建共享共生

银行等金融机构数字化转型是一项以“融合共赢”为关键的耐力赛，只有通过共建共享共生，构建广泛联盟、合作共赢的跨界多边融合生态模式，才能真正实现成功转型。从行业实践上看，由互联网科技公司单边推进的产业技术升级难以在真正意义上实现突破，数字化转型更加需要“金融产业 × 科技”的乘数效应。在此方面，京东科技致力于为金融行业提供底层基础设施和操作系统，帮助各类合作机构打破自我封闭，实现数据和技术应用在多产业、多链条网状串联协同，构建产业生态良性循环，进而创造更大的产业价值和用户价值。

2019 年 8 月，京东科技与吉林亿联银行签署了全面战略合作协议，合作范围覆盖金融私有云、零售信贷、数据风控、财富管理等多项业务领域。在资管科技方面，亿联银行在金融市场和资产管理日常业务中使用京东科技的智能资管科技平台 JT^2 系统，同时它也通过京东科技旗下的海益投资交易管理系统，实现金融市场业务在投资组合分析、资金交易、资产管理、风险管理等各方面的长足提升。

2019 年 11 月，京东科技与中国农业银行签署托管业务《框架合作协议》，启动双方联合打造的“智能托管平台”。在合作中，京东科技基于大数据、人工智能等技术能力，将 JT^2 智管有方与农行托管平台打通，以基金交易及托管业务流程线下转线上为切入点，为农行用户打造线上一键式、一体化、全流程的智能托管服务，覆盖投资机构的投前、投中、投后全流程周期。在智能托管平台上，机构投资者可以实现一键下单、便捷开户、自动传递指令给托管行、托管行确认信息自动回传，所有线下流程实现线上化，有效提升了运营效率。

通往未来银行的门票——开放银行

银行数字化转型还是一个现在进行时，但是随着金融科技底层技术的不断创新应用，从进行时到完成时的路径日益缩短。如果拉长时间轴，从更长远的未来看，完成数字化转型也只是银行发展的一个阶段，从数字银行到未来银行还有很长的一段路要走。毋庸置疑的是，成为未来银行是有门槛的，要成为未来银行，首先必须是开放银行。

在金融科技企业全面冲击银行业务的大环境下，开放银行成为全球各大银行转型的新路径。在海外，开放银行从 2014 年开始就逐渐转热；在中国，从 2018 年下半年开始，开放银行才引起行业关注。纵观全球，当前欧美国家与中国在开放银行的驱动因素和对开放银行的界定方面均存在差异。国外的开放银行是自上而下，通过顶层设计推动，强调的是数据的共享；国内的开放银行是市场自发行为，在实操上更多的是银行服务的输出，依赖与场景的合作。具体来说，在中国，开放银行的实践主要是银行服务的输出，通过线上技术的方式，把金融产品和服务嵌入合作方自己的应用程序和场景。在输出方式上，均以 API（应用程序编程接口）为主，但也支持 SDK（软件开发工具包）、H5 等多种方式。在输出内容上，主要是银行在底层账户管理基础上，附加投、贷、付等核心功能和基础服务为标准配置。对银行而言，这种开放银行的模式并没有涉及数据的联动，只是通过金融科技手段，对传统银行业务进行解耦、重构，嵌入到场景中去，实现线上获客、留存结算类存款等目的。这种做法与金融科技巨头以科技为纽带连接外部场景，生态化、平台化的思路很接近，是商业模式或经营银行业务方式的转换。实际上，与数据相关的创新只是开放银行创新的开始。

开放银行将为银行、金融科技公司带来新的发展机遇。银行意识到自己拥有强大的品牌，并被信任能够管理客户的资金、身份和数据，通过将已持有的数据与从其他机构和来源收集的数据结合起来进行深度分析和个性化分析，开放银行可以成为丰富银行功能和体验的一种方式。通过这种方式，银行希望为现有客户提供更多相关的产品和服务，并通过吸引新客户来增加市场份额。认识到自己缺乏竞争对手的灵活性、速度和创新能力的银行，可以通过与金融科技公司的合作，补充自己的服务。金融科技公司可以为银行的客户增加价值，成为受控制和可信的生态系统的一部分。因此，平台业务模型是大多数银行应对开放浪潮的战略选择。

大家对于平台业务模型并不陌生，它的兴起离不开大型科技公司，如亚马逊、谷歌、阿里巴巴等，这些平台通过重置进入壁垒、改变价值创造和价值获取的逻辑，进行监管套利、重新包装或重新定位经济体系中的权力，改变和重组了越来越多的经济领域。平台业务模型与传统经营模式最大的不同在于，在参与者之间进行价值交换和创新。但是，“平台银行”并不是“开放银行”可能的最终结果，只是开放银行理念下银行改变业务模式的一种方式。当然银行不能通过简单地向外部开放几个API来切换到平台业务模型，更实质的是其背后所代表的价值主张：客户财务数据的所有者，银行产品的透明化和易于比较，多方合作、价值链重塑和产品创新。审视我国开放银行的实践，虽然有银行平台化经营的逻辑，但只是实现了银行与场景的合作，目的是实现线上获客和留存结算存款等，只能暂时缓解零售银行对零售领域失控的焦虑。

开放银行这一新的价值主张为银行业的变革打开了一个窗口，数据的开放有望重新建立银行业发展格局和秩序。技术在不断进步，数字化进程也没有放慢步伐。如果互联网不再是平台化的唯一场景，如果客户不再依赖场景，银行该如何抓住变化中的脉搏，在激烈的竞争和时代的更迭中幸存下来？

一个行业之所以会产生，是因为它能解决社会新生的需求，它的消亡也必然是由于需求的消失。银行4.0的关键转变，不是银行的某些要素发生了转变，而是客户办理银行业务的方式发生了转变。显然，客户对银行服务的需求仍然存在，面对严峻的市场环境，银行需要回归其本源逻辑——满足客户的真实金融服务需求，从客户需求出发，以开放共赢的心态，重新审视提供服务的方式。在此基础上，未来银行的大门将彻底打开。

第二章

保险+金融科技：如何全面发挥底层技术的“乘数效应”

保险+科技

蚂蚁集团　　微保

众安保险　　泰康

中科软　　易安保险

保险大数据

栈略数据　　精励联讯

同盾科技　　乐约健康

智能营销

集奥聚合　　车车科技

保准牛　　悟空保

爱保科技　　量子保

智能理赔

明觉科技　　车通云

优加健康　　精友时代

中保车服

保险 + 金融科技产业生态图

中国的保险科技主体主要有互联网保险企业、中介平台、技术赋能企业、互助平台四类。

第一类是互联网保险企业。中国目前有众安保险、泰康在线、安心保险和易安保险4家企业拿到了牌照，它们充分运用互联网元素打造新型的保险企业，给传统保险企业带来了巨大的冲击。

第二类是中介平台企业。具体包含面向运营商、面向企业、面向个人三种，它们分别直接或者间接连接客户，主要目标是帮助保险公司获客，包括经纪人展业工具、场景定制、综合销售平台、管理型总代理、比价销售平台、理赔管理、智能投保、保单管理等各类平台。

第三类是互助平台。这是一类新兴保险业态，可不依赖保险企业来开展业务，由此省去或降低保险管理费用。

第四类是技术赋能企业。主要是帮助传统保险企业实现技术升级，提升它们的产品设计和服务能力。

其中，第一类主体全部都是财产险公司，金融科技对于财产险产品的作用在近几年已经逐渐成熟，很多相关资料都有介绍，本章不再赘述。互助平台作为一种新兴保险业态，现阶段总结发展模式为时尚早，因此，本章从中介平台和技术赋能企业入手，分别介绍保准牛、中科软和爱保科技的相关产品及商业模式，感受新时代保险科技的巨大威力（见表2-1）。

表2-1　保险科技参与主体

企业类型	商业模式	企业描述
互联网保险企业	面向企业/面向个人	颠覆传统保险企业
中介平台	面向运营商	连接经纪人
	面向企业	连接场景
	面向个人	连接个人
互助平台	面向个人	去保险中介
技术赋能企业	面向企业	赋能传统保险企业

通过科技、数据驱动实现责任险产品保险平权价值——保准牛

服务变革新阶段带来新问题

近年来，中国保险市场发展迅速。2020年，中国保险业全年原保费规模达到4.53万亿元，较上年增长6.12%，位列全球

第二，中国已成为名副其实的保险大国。2020 年全国（不含港澳台地区）的保险密度为 3 233 元，较上年增长了 6.14%；保险深度为 4.45%，较上年提高了 0.15%。而在较成熟的保险市场，保险密度一般在 2 500 美元以上，保险深度一般为 7% ~10%。我国人口基数大，保险深度和保险密度与发达城市市场相比，庞大的保险需求仍有待释放。中国互联网保险市场快速增长，2020 年上半年，行业保费达到 1 766 亿元，其中，财产险保费收入为 371.12 亿元，渗透率为 5.1%，责任险是财产险市场增量保费的重要贡献者。

保险科技的发展会经历渠道变革、运营变革和服务变革 3 个阶段。在渠道变革阶段，保险公司设置官网、移动 App、微信公众号等互联网渠道；保险中介机构开设网上保险超市，第三方互联网平台依靠自身流量优势，为保险公司提供流量入口。在运营变革阶段，金融科技底层技术开始广泛应用，部分保险公司开始通过 OCR（光学字符识别）技术，精确识别健康、医疗相关文档；利用人工智能快捷实现承诺、理赔、保单管理、支付、健康管理服务等相关流程的自动化，总体来说处于技术应用的初级阶段。在服务变革阶段，底层技术得到深度应用，与场景的结合更加密切。例如利用大数据可实现精准定价和营销，帮助保险公司精确核保和反欺诈；基于对海量数据进行分析，从不同的维度深度挖掘保险用户的特性，进而优化保险价值链的各个环节。目前，保险科技已经基本跨越渠道变革阶段，走向运营变革和服务变革的新时代（见图 2-1）。

图2－1 保险科技发展历程

保险科技的发展不仅创造了保险行业的增量市场，更重要的是，在庞大的市场规模以及广泛的应用场景支持下，服务于互联网保险的各项技术不断成熟，逐渐成为行业发展的重要驱动因素。从保险业的体量、基础地位、对其他行业的影响以及场景的丰富性来说，科技应用发展的空间非常广阔。然而与不断扩张的保险市场及持续扩展的科技应用空间不相匹配的，是保险产品风险控制不到位，以及产品多样性无法满足客户需求。在责任险方面，尤其是雇主责任险方面，这种矛盾更加突出（见表2－2）。

表2－2 雇主责任险简介

保险性质	自愿性商业责任保险
被保险人	雇主
保险责任	工伤事故、7×24 小时意外、附加第三者责任、自费药、住院津贴、视同工伤类型和职业病等
赔偿项目	死亡、残疾、职业病、误工费、法律费用、医疗费、伤者住院期间的伙食补助费、生活护理费、交通食宿费、扩展交通意外等
计费与赔偿依据	以雇员的工资收入或赔偿限额计收保费并确定赔偿依据
目的	保障雇主权益

就目前来看，责任险风控建设存在四大问题：一是技术手段单一，底层技术的应用主要集中在渠道，业务数据驱动模式尚未建立，同时缺乏过程管理，系统化和流程化薄弱；二是风控对象是小客户，大客户大而不能动；三是与客户交流太少，没有形成反馈闭环，很难做到知己知彼；四是以事后风控项为主，价格杠杆利用率低。

更进一步讲，责任险的八大环节都存在风险，参见表2－3。

表2－3　责任险的八大环节中的常见风险

管理节点	常见风险
投保	信息造假、改头换面、高风险科技、异常投保
支付、营销、供应链	盗号、盗刷、薅羊毛
增减员	增减员异常、年龄结构异常、工种结构异常
报案	同一电话频繁报案、报案信息不实
查勘	出险地点与实际勘察地点距离过远、系统录入电话多次出现、查勘时间早于报案时间
人伤调查	同一人伤频繁出现、费用超过标准、高风险科室
定损	重复索赔、定损异常、黑名单科室
未决管理	虚假发票、未决档案管理混乱、提交金额异常、诉讼案件未及时处理

面对这些问题，相信绝大多数保险公司都能提出根本的解决方案：创新。在日常的商业活动中，技术的优化、整合、提升才是常态。创新就是在这个常态中涌现出来的。因此，在积极做好基础研究，为“百年大计”储备技术、创新资源的同时，也需要不断强化优化现有的技术存量资源，加强整合提升。但是，关

键底层技术纷繁复杂，选择哪些技术为业务服务，如何将这些技术应用到适合自己的业务中，既是技术难题，又是商业难题。该如何解决这些难题，不同的企业有不同的理解。在不断的实践摸索中，保准牛探索出了一条优化与整合创新的道路。接下来，我们看一下保准牛的发展路径。

技术优化与创新同样重要

首先，保准牛选取了适合责任险的关键技术，并在此基础上对各层平台进行优化，明确关键技术的适用范围，强化技术与业务对接的精准性。

保准牛选取的关键技术如下：

- 应用框架：Spring、Spring boot、MyBatis、Spring Cloud。
- 数据库与缓存数据库：Mysql、Clickhouse、Hive、Hbase、Redis。
- 组件与中间件：Kafka、ELK（Elasticsearch、Logstash、Kibana）。
- 工具：Azkaban、Canal、Sentry。
- 服务：OCR、人脸识别、语音识别、音视频通话、红章识别、公安认证。

通过以上技术，进一步优化迭代分析模型和算法、对各层平台进行细致优化。

数据采集层：Canal 实时同步工具用以解析业务数据库 Mysql 的 Binlog，将数据实时同步收集，做到在同一时间从众多常用的数据来源中捕捉事件，能够以连续的流式传输方式，轻松采集日志、指标、Web 应用、数据存储以及各种 AWS 服务数据。

数据存储层：通过数据采集将海量数据采集至存储介质中，存储以 HDFS（Hadoop Distributed File System）为主，搭建规模化分布式服务，并且满足工业化要求。

数据清洗层：利用 Spark 分布式内存计算，对大规模数据进行清洗与汇聚，同时使用 Azkaban 作为工作流平台、数据调度平台，对数据进行任务调度。

数据分析计算层：通过 Impala、Clickhouse、Hive 做大数据计算和批量处理，解决了传统的关系型数据库（Mysql）在大数据分析上的瓶颈 。用 Hive 将执行计划分成 map→shuffle→reduce 模型。

数据建模层：利用 Tensorflow、XGboost、LR 等人工智能框架和算法，挖掘数据深层价值，将沉淀的海量数据提炼成各类模型，解决保险服务过程中“人治”的标准化与智能化转变难题。

数据可视化及应用层：应用 Echarts 展示各种图形报表，为业务做看板，分析业务走向、市场动向等。

使用 Hbase、Hive、Clickhouse、Canal、Redis、Azkaban、Kafka、ELK 等技术搭建大数据处理、风控、报表、调度、计算平台等底层基础设施。

其次，明确关键技术的适用范围，强化技术与业务对接的精准性，最大限度发挥关键技术的作用。

通过对数据库、文件系统、日志文件等载体中的业务数据，用户网站行为轨迹数据进行计算分析处理，具体分析包括编程模型、查询分析、流分析以及复杂的机器学习，以此挖掘大数据中的隐藏信息，为保险业务发展和风控提供依据，提高保险领域业务处理效率。

使用深度神经网络训练图形、视觉、语音等识别模型技术，在与保险息息相关的应用中提供服务，能够提升业务的安全性，降低成本。相关服务的关键技术包括企业识别、发票识别、人脸识别－查勘定损、智能机器人、音视频通话－视频查勘、红章识别－企业营业执照验真、视频查勘与公安系统打通做身份认证。

全闭环、无纸化的保险交易生态系统能够加快业务的自迭代、自演化历程，全面提升服务效能。整个系统的关键技术包括基于大数据的保险产品定制库、基于移动互联网的销售支持系统、全流程“线上化＋无纸化”的保险投保平台、智能化的报案理赔系统，以及基于数据智能的保险服务中台。

结合大数据分析、机器学习建模、保险产品精算等多学科交叉，建立完整的“保前、保中、保后”全闭环大数据智能风控体系，涉及的关键技术包括多个专业领域的保险知识图谱、蓝领行业客户风险识别模型、全行业标准工种大全、基于人工智能的 KRI（关键风险指标）风险监控平台等。

底层数字技术设施搭建完成后，保准牛构建了“统一数据－

统一模型－统一服务”的三层数据中台体系。统一数据模块主要是采集和融合保准牛内外部数据，制定统一的数据规范和标准，构建元数据管理体系。统一模型模块主要是构建统一的数据仓库模型，通过数据模型合理分层和面向维度的建模方式实现数据脉络的层次化和清晰化，支持多维分析和自助取数。统一服务模块主要是构建数据智能的核心能力，并通过微服务进行封装，为上游的具体数据应用提供模块化和组件化的能力。例如客户画像服务、知识图谱服务、产品库服务、风控服务、商业智能服务、智能客服服务等。

“1＋X”科技赋能工具集打造新产品

通过上述“技术组合拳”，保准牛责任险已经形成了一套以神盾风控系统为核心的科技赋能工具集，在投保和服务自动化、分销推广、市场推广和展业等领域形成了一套自己的智能化体系。

“1”——神盾风控系统构建全闭环风险管控体系

神盾风控系统能够实现“保前、保中、保后”的全闭环风险管控，研发包括客户风险评分、客户风险档案、智能风险定价引擎等风险管理模块。客户风险评分用于前期客户风险评估和筛选，通过客户调查的各类维度调用客户风险评估模型，得到客户风险分，不同的风险分匹配不同级别的保险产品，确保高风险客户得到完善的产品保障，低风险客户降低保险投入成本。客户风险档案用于跟踪整个客户生命周期的风险变化趋势，确保保险保障期间内，客户不存在风险溢出的意外情况，及时补充保险保障。智能风险定价引擎用于场景化的风险产品定价，以保险定价的精算模型为基础，利用大数据分析和机器学习建模，实现保险产品的实时、实景、实地动态定价。

在神盾系统架构图 2 -2 中，第一层保前风控的主要思路是过滤风险，利用各类客户灰黑名单在销售阶段就进行风险筛查，防止遗漏异常高风险的群体；第二层保中风控主要是打造风险管理闭环，首先通过风险监控与识别模块，识别不同粒度的风险情况，包括全局风险、重客风险和重案风险（见图 2 -3）；第三层保后风控主要是事后风控；第四层是神盾系统的基础库，包括各类底层库，其中最主要的是企业基础库、KRI 指标库、风控策略库。另外，神盾系统大量采用人工智能算法，通过机器来学习保

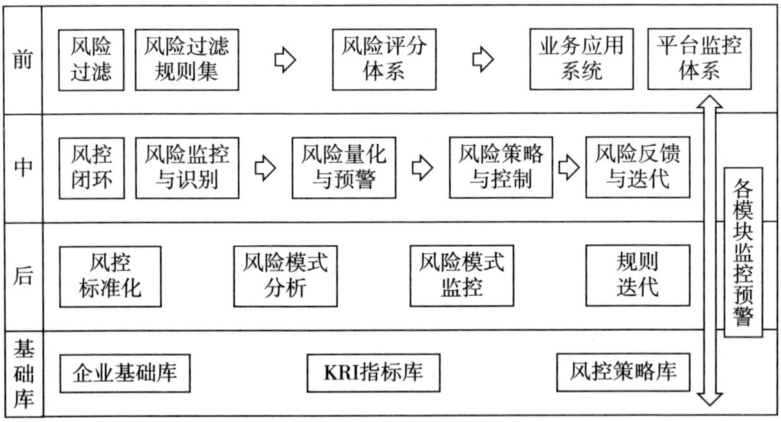

图 2 -2　神盾系统整体架构

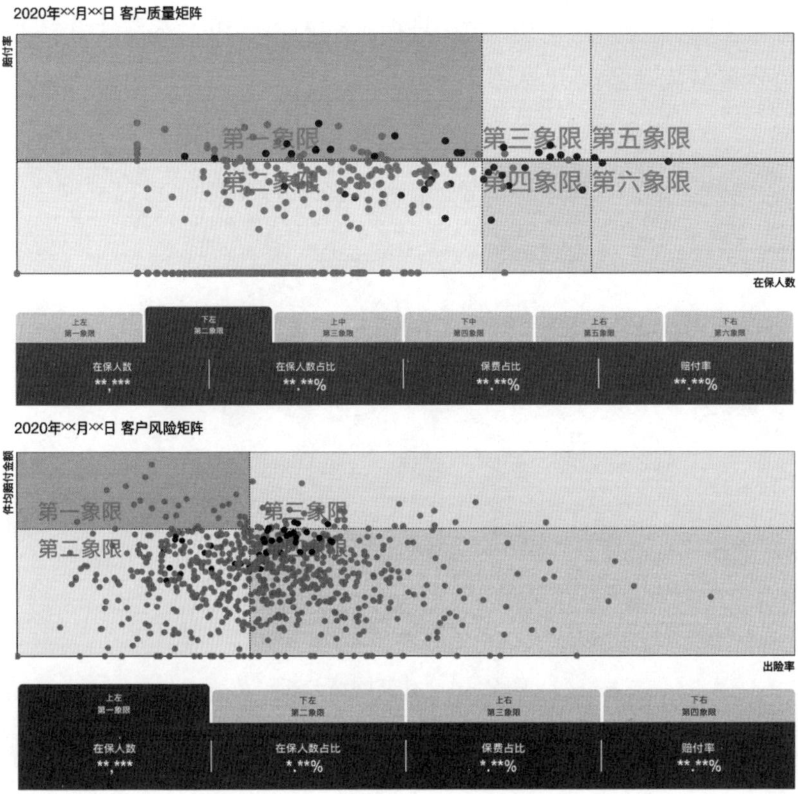

图2－3 客户质量与风险矩阵

险风控体系的专家经验与知识，极大提升了风险管理的稳定性、高效性和智能性，减少人为判断的局部经验、情绪因子等导致的漏判、错判，为保险风控开辟了一个能够基于大数据和人工智能的新领域。

在客户风险识别层面，通过采集客户风险特征建模，将企业客户的历史保险表现数据，用于回归分析不同客户的风险发生情况。在风险监控模块，利用行业中企业用工的流动性数据，构建企业间的风险流动网络图谱，即时监控高风险用工人群在各行业的分布与流动情况（见图2－4）。

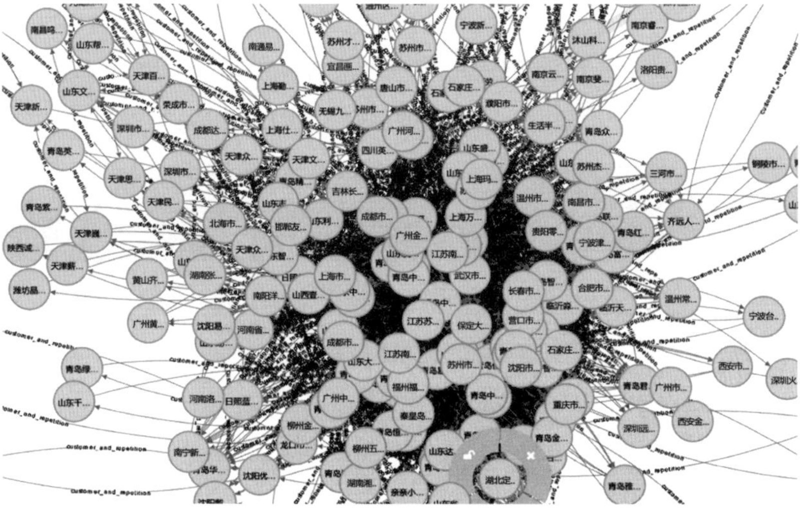

图2－4 社交网络分析

另外在理赔估损环节，通过报案的文本信息进行自然语言分析建模，预测出险个案的赔付金额。采用自然语言处理技术（NLP）分析案件报案的语言信息，作为模型的输入数据。然后在BERT模型的基础上，优化训练网络结构，实现模型对案件的估损效果，这会超过人工的估损，而且更加稳定和实时。

保准牛在保险风控的各个环节，尽可能地运用数据挖掘和建模技术，实现风控决策的精准性，从而实现科技对业务领域的赋能。

“X”——各领域分平台大显神通

在分销推广领域，保准牛结合行业和渠道的保险引流和技术赋能的诉求，研发了“领客牛”平台，该平台链接全球多家顶级保险公司，建立了行业保险产品库，整合“产品 + 管理 + 服务”全流程，帮助销售人员能够在线轻松开展业务，同时为渠道和客户赋能，便捷管理各种场景下的风险。

针对保险投保和服务自动化方面，“闪电牛”平台使用电子签、OCR、智能核保引擎等技术手段，实现投保、保全、理赔的“无纸化”全流程在线操作。“保准知道”平台利用人工智能机器人、NLP、知识图谱等技术手段，输出专业的保险知识，实现了客户精准咨询、在线培训、风险评测、核保资质核查等在线服务。

“云查勘”平台实现理赔环节的在线视频查勘，利用人脸、证件、单据识别技术，完成出险人身份认证、案情验真、查勘定损等查勘内容，大幅提升了理赔的效率。

案例

云查勘平台

通过利用视频流、云直播、票据识别、活体识别等技术实现保险案件查勘的线上化。实时视频技术实现了理赔公估人员与报案人之间的在线沟通，活体识别和票据识别技术实现了出险人身份、伤情、费用相关的验真，减少保险欺诈问题的出现。云查勘系统可以通过保险科技手段大大减少一般性案件的现场公估周期与成本，从而增加案件调查的覆盖率，减少不合理赔付的出险，降低保险产品的整体赔付率（见图2－5）。

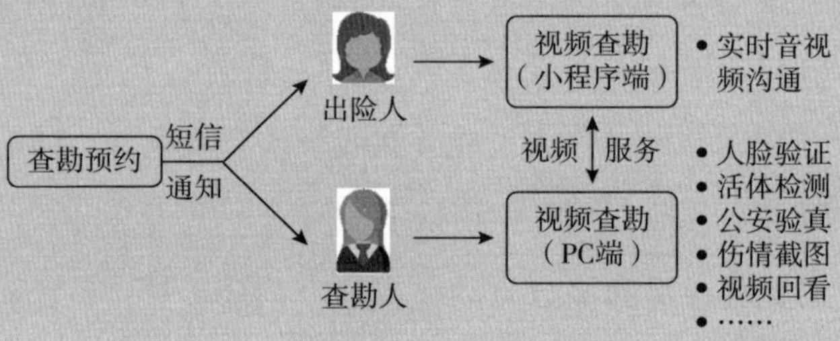

图2－5　云查勘平台

另外，结合“保险＋人工智能”的技术交叉应用，研发了多款保险智能机器人，包括风险评估机器人、保险客服机器人、保险知识专家机器人、核保核赔机器人等。例如，专家机器人通过“社区问答”方式（CQA），建模成文本分类问题，选用BERT模型对问答进行分类和编码，实现问题库的索引；另外，问题库对接多个纵深领域的专家知识图谱，帮助机器人能够进行专业保险问题的推理与回答。人工智能机器人的应用大大提升了保险服务各个环节的效率，提高了客户响应速度，节约了人力成本。

在保险市场推广与展业领域，面向个人端有“销售e”智能销售助手，面向机构端有“B点通”客户运营平台。

“销售e”智能销售助手利用大数据分析，为市场从业人员提供市场洞察、产品对比、方案报价、客户分析、业绩统计等功能，帮助保险销售或代理人完成保险产品的销售、服务相关工作。市场洞察模块为销售提供整体的市场调研数据，以及重点区域的市场分析报告，帮助销售人员准确切入市场痛点，或者发现新的增长点。产品对比和方案报价模块利用大数据分析和移动互联网技术，为销售人员提供随时随地的产品供应，给不同的客户匹配个性化的保险产品方案。客户分析和业绩统计模块更多的是帮助销售人员及时维护客情，完成绩效目标，实现市场价值。

“销售 e”平台分为四大模块——业绩、市场、风控和知识库。业绩模块负责销售业绩的统计与分析、业务结构的洞察、业务质量的评估，以及团队相关的排行榜、变化预警等功能；市场模块负责市场信息的交流与互通、市场资讯的同步，以及业务区域雷达；风控模块主要实现客户质量的分盘，实现客户分层管理；知识库模块为销售人员提供体系化的知识输出与培训，实现销售素质的提升（见图 2 –6）。

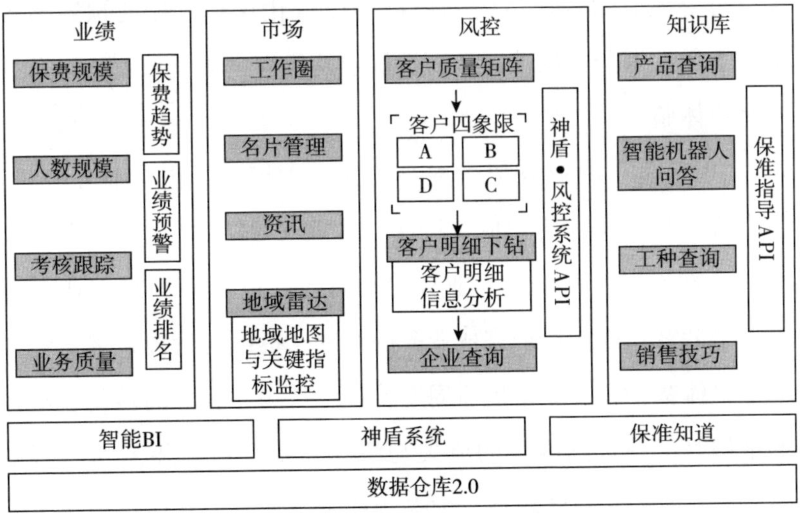

图 2 –6　销售 e 系统应用框架

一方面，“销售 e”前端兼容企业微信、微信等常用即时通信工具，实现多渠道办公。利用移动互联网的便捷性，销售人员能够更加及时地了解市场动态，解读最新产品信息，更好地抓住稍纵即逝的商机（见图 2 – 7）。

另一方面，销售 e 后端采用实时数据引擎（Clickhouse），能够实时分析业务数据，多维度了解自身的业务结构和客户动向，随时随地给客户个性化报价，以及提供专业的保险相关知识咨询，为保险销售展业提供了极大的便利，也帮助销售团队管理者更加高效地开展管理工作，实时把握各种销售动作，对市场做出高效反馈。

“B 点通”客户运营平台通过建立基于客户生命周期的保险运营闭环，线上化管理包括客户转化、新客培训、客情维护、保全服务、理赔服务、财务服务等环节。平台采用数据驱动模式设计，每个环节的客户运营动作都可以量化评估、提前预警与提示、事后数据分析反馈，从而螺旋状迭代客户运营效率，以及提升客户体验。

“B 点通”的业务架构主要分为三大模块，包括业务分析、客户管理和 CSM（客户成功经理）管理（见图 2 – 8）。业务分析模块主要负责业务总览、业务趋势管理，以及不同维度业务洞察，帮助客户成功经理完成业务的跟踪、拆解与管控；客户管理模块整体基于客户的全生命周期管理，从潜在客户的转化、新客的维护等，一直到客户的流失与沉睡，制定不同环节的运营策略，以及对应客户的售后、财务等相关服务；CSM 管理模块主要

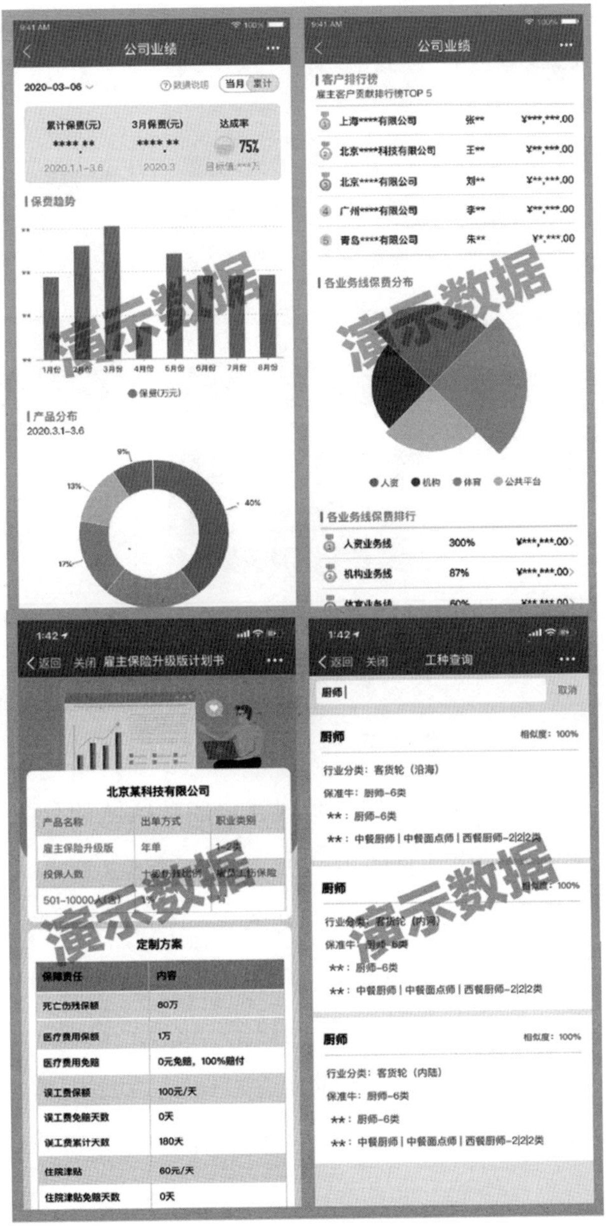
公司业绩
2020-03-06
累计保费(元)
3月保费(元)
达成率
75%
保费趋势
1月份
2月份
3月份
4月份
5月份
6月份
7月份
8月份
保费(万元)
产品分布
2020.3.1-3.6
9%
13%
40%
17%
公司业绩
客户排行榜
雇主客户贡献排行榜TOP 5
上海****有限公司
北京****科技有限公司
北京****有限公司
广州****有限公司
青岛****有限公司
各业务线保费分布
人资
机构
体育
公共平台
各业务线保费排行
人资业务线
300%
机构业务线
87%
演示数据
雇主保险升级版计划书
北京某科技有限公司
产品名称
出单方式
职业类别
雇主保险升级版
年单
投保人数
501-10000人(含)
定制方案
保障责任
内容
死亡伤残保额
80万
医疗费用保额
1万
医疗费用免赔
0元免赔，100%赔付
误工费保额
100元/天
误工费免赔天数
0天
误工费累计天数
180天
住院津贴
60元/天
住院津贴免赔天数
0天
工种查询
厨师
取消
相似度：100%
行业分类：客货轮（沿海）
保准牛：厨师-6类
**：厨师-6类
**：中餐厨师 | 中餐面点师 | 西餐厨师-2|2|2类
行业分类：客货轮（内陆）

图 2-7　“销售 e”前端

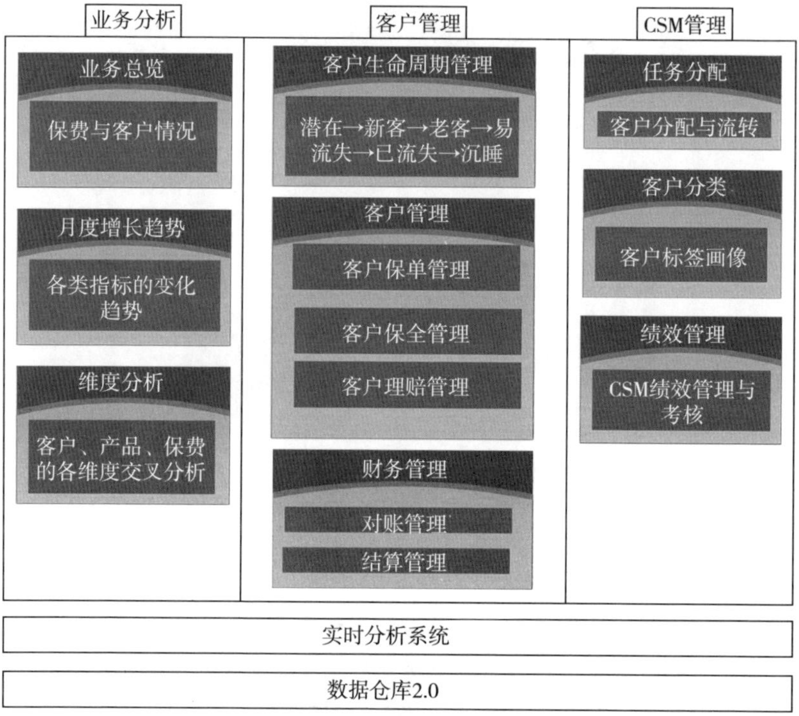

图2-8　B点通应用架构

是针对客户成功团队的管理，实现客户成功团队的分配、绩效、标签分类等管理动作（见图2-9）。

基于这套科技赋能工具集（见图2-10），保准牛为每个企业客户生成了企业画像，提供了多维度的业务及风险分析，打造了保前、保中、保后风控闭环，构建了“市场+产品+服务+风险管理”的整体系统生态。目前所有工具和方法论已经成功申请软件著作权，专利也在申请中，工具套件已赋能10 000多家合作伙伴。

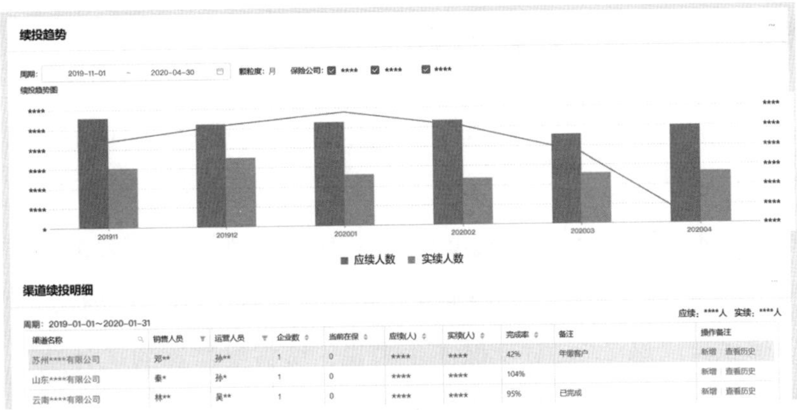

图 2－9 CSM 管理模块

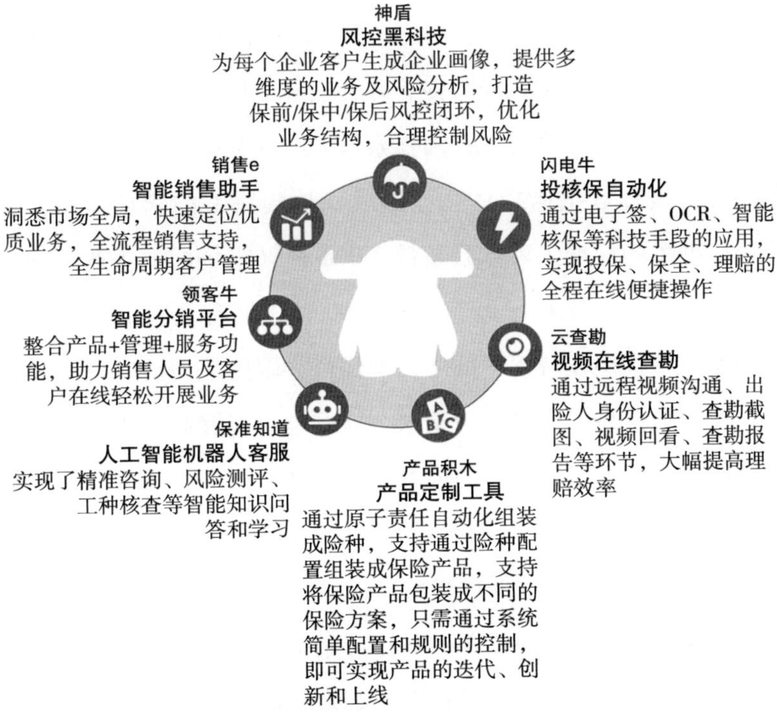

图 2－10 科技赋能工具集

标准化推动产品创新规模化

形成科技赋能工作集和定制化责任险服务模式后，业务数据驱动模式已经建立，但是不代表保险产品就能够在市场上立足。底层技术与服务模式的创新和整合只是“内功”，还需要锻造自身的“外功”，使得产品能够规模化、可复制、可快速迭代，才能够成为“爆款”。对于保准牛来说，所需要修炼的“外功”，就是雇主风险管理的标准化建设。

为此，保准牛成立了专业的风控小组，对风控流程进行梳理并标准化；制定风控管理规则和处罚办法，目标明确，责任到人；明确动态定价和风控减损管理办法和规则；与渠道风险规则对齐，共同做好风险管理；加强系统升级和数据化驱动；检视和回溯分析流程数据监控体系，形成一整套完整的管理体系。目前，保准牛的标准工种体系超过 3 000 种（市场同类企业平均为 1 000 种），细分工种已经超过 40 000 种，拥有全国最全的工种标准库，并且还在持续增加中，确保最大限度地满足客户需求。

标准化体系形成了，但是这个体系是否能够通用于所有雇主的责任险产品？体系赋能的成本是否过高？保准牛通过开放平台和分销系统，实现标准化模型高效复制。通过开放平台的 API/SDK，快速接入场景方平台交易端口，将交易数据实时传入标准化产品模型，实现实时出单；通过分销系统的产品开放，助力机构端企业程序化、批量化处理个人端定制保险需求。

在“1 + X + 标准化”的系统建立后，产品创新就成了有源之水、有本之木，定制化、简易式、低成本、高复购的优质产品得以持续开发，未来型新产品的想象空间也不断扩大。保准牛在蓝领服务市场，创新推出“雇主保”“零工保”“企心保”“无忧保”等多个产品，帮助企业转嫁用工过程中的工伤风险责任，弥补企业在互联网科技与零工经济时代经营体系中的短板，针对多个密集用工行业提出可行、高效、全面的用工风险解决方案，帮助劳资双方维护共同的利益与自身价值。尤其是“雇主保”和“零工保”两大产品，充分发挥底层技术优势，适用外包派遣、兼职用工、灵活用工等多个场景，得到了市场的认可（见图2－11）。

截至目前，保准牛先后为十多个行业定制了上百种保险，已在互联网、蓝领、体育、健康、教育、物流等领域持续不断地为客户赋能，定制上千款保险产品，累计帮助超1.1万家机构端服务超过1.5亿保险用户，服务范围辐射全国200多个城市及部分海外城市。未来，保准牛将继续运用保险科技为产业赋能，推动保险产业的健康发展。

用底层技术推动精准营销的实现——中科软

保险企业数字化改革的难点

保险的数字化改革一直都是行业发展的热点和难点，而在各

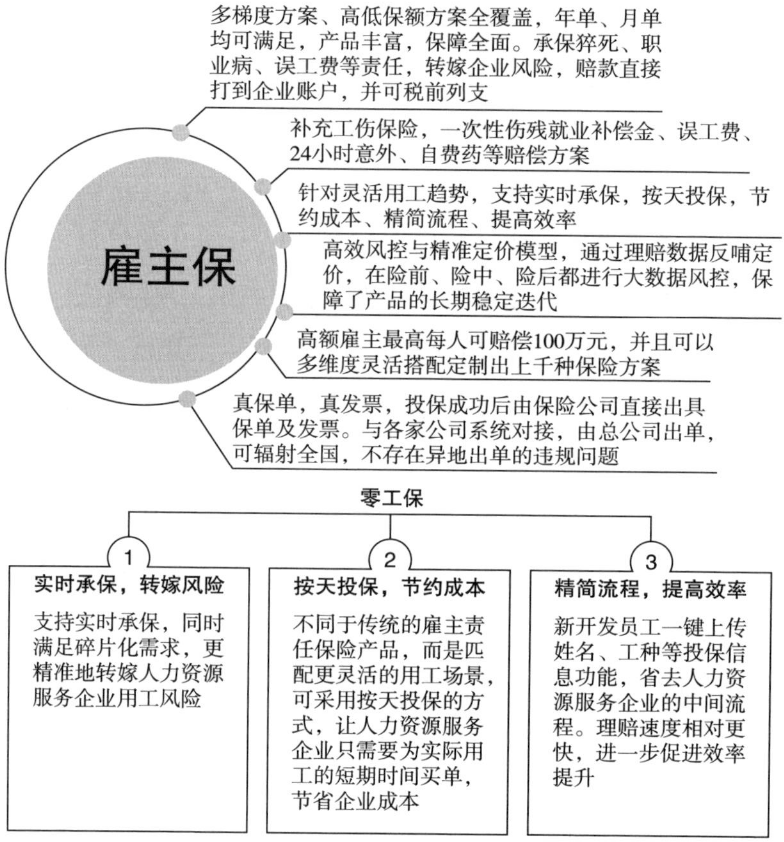

图2－11 “雇主保”和“零工保”

类数字化转型改革的业务条线中，营销的数字化转型最为关键，也最困难。随着新一代信息技术的加速发展，财险行业的运营流程带来巨大变化，财险业务线上化成为加快财险发展的最具活力的因素之一。新冠疫情的暴发间接加速了保险公司运营流程从线下向线上转型。监管部门希望进一步推动财险行业科技赋能，加快线上化发展，鼓励具备条件的公司探索保险服务全流程线上化。因此，2020 年 5 月，银保监会下发《关于推进财产保险业务线上化发展的指导意见》（下简写为“意见”），其中对于保险公司自营线上销售平台提出了对应的要求。意见显示，到 2022 年，车险、农险、意外险、短期意健险、家财险等业务领域线上化率达到 80% 以上，其他领域线上化水平显著提高。

与此同时，调研显示，目前的财险行业中，尤其是中小型财险公司，还未建立相对完善的自营线上销售平台。除此之外，保险企业营销数字化转型还面临着两大挑战。一是如何选择合适的金融科技底层技术为自身数字化改革助力。底层技术分为五大类，有几十个分支领域，每一类技术都有自身的作用和价值，需要与产业属性、应用场景、发展目标等相互配合。在遍地都是大数据、区块链、人工智能的今天，能够根据自身业务特点和发展目标，精准把握一项底层技术才是竞争突围之道。二是如何实现精准营销、定制化营销。精准营销、定制化营销属于知易行难、易懂难精的概念，其实现不仅仅依赖于底层技术的灵活运用，还需要搭配满足客户需求的平台和运营模式。以上两个挑战属于保险企业营销数字化转型最关键的挑战，只要能够解决这两个问题，其他大多数相关问题都能够迎刃而解。因此，当下是保险企业推动自身数字化转型的最好时机，市场对优质线上服务的需求与当前供给严重不匹配会创造出巨大的市场，如何进入这个巨大的市场，如何应对两大挑战是所有保险企业在接下来的几年中必须考虑的问题。

基于对以上难点的认识和理解，中科软锐意进取，积极推动改革创新，创建保险互联网营销与服务平台，重点挖掘匹配保险营销模式的关键技术，推动精准营销，建立了一个财险公司直接对客户销售的自营线上平台，通过该平台整合各渠道和营销资源，制定切实可行的营销产品方案和营销任务，提升产品销售和盈利能力。接下来，我们就具体阐述一下中科软如何应对保险企业营销数字化转型中的两大挑战。

改革保险营销模式的关键技术

首先，中科软对金融科技底层技术与应用场景、行业特征进行了深度匹配，最终开发出保险专属 SaaS 云服务。

中科软保险专属 SaaS 云服务，与公有云 SaaS 服务相比，在定制化、场景化、私有化方面优势明显，能够提供丰富的管理维护功能。另外，保险专属 SaaS 云服务以保险行业参考模型为基础，提供面向行业的接口标准；支持定制化服务，配备专属运维人员；支持本地化部署，帮客户打造保险专有智能 AI 中台和公有云服务中台，助力业务快速创新；详细记录总分公司、各业务条线、服务类型，以及系统调用服务次数，便于公司内部成本管控和分摊（见图 2－12、图 2－13）。

在技术及实现层面，中科软保险专属 SaaS 云服务有 9 个特点。

（1）互联网集成支持：以核心服务的稳定为原则，功能封装分层，达到解耦的目的。功能分级原子化，分为操作级服务、

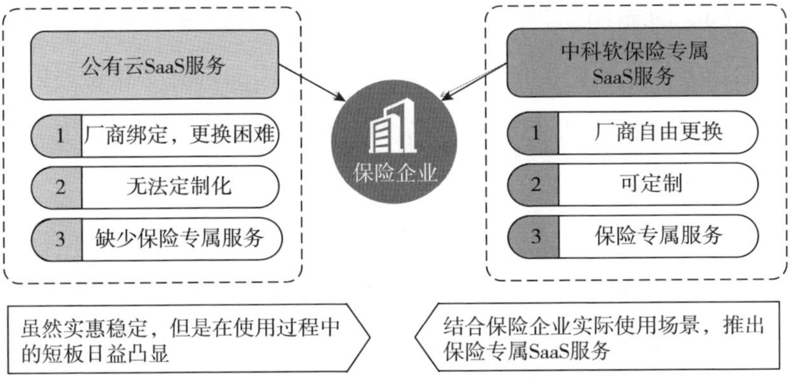

图2-12　中科软保险专属SaaS服务满足实际诉求

图2-13　中科软保险专属SaaS服务主要应用场景

原子级服务，便于服务灵活封装。

（2）轻应用和配置化：支持第三方平台，在功能封装的基础上，实现新渠道的轻应用。变更只是在功能封装模块里，渠道调用即可，且会根据第三方来源的不同，自动维护数据质量。

（3）复杂处理能力：支持复杂业务敏捷处理、数据复用、自动带入，实现按标的做索引，识别业务，识别客户，针对该客户的特征推送投保方案。

（4）创新的物理系统分层体系：在物理层面上解除系统间的耦合度，让系统本身的功能聚合，让程序的自由度和管理更加方便，同时让程序的开发及人员分工更加清晰合理，这在很大程度上增加了人员的价值。

（5）创新的软件分层体系：采用视图层、接口层、业务层、数据操作层、公共校验层、定时任务的分层体系，使得项目代码结构更加清晰，在开发规范上有更加清晰自然的结构体系。

（6）基于设计模式的开发模板：使用工厂模式来生产每一个业务实现类型，通过建造者模式来创建业务流程，通过模板模式来控制和管理接口。平台会针对更具体的功能进行设计模式的规划，从而大大提升维护速度。

（7）提供云上高弹性计算服务：确保网络及数据安全，支撑一键启停服务、分时申请资源，具备反复运算能力。

（8）对组件的重新组织架构及规则前置：实现对组件的重新组织架构，从根本上解决操作步骤过多的问题，使数据的自动填充方案完全化。同时采用规则前置方案，实现了数据校验统一化，规范了数据模板。

（9）以客户为中心：提供多维视图，提供差异化的解决方案推荐和续保跟踪；系统设计以用户体验为中心，注重系统交互体验，注重场景还原。

用户要什么，平台给什么

开发完成保险专属 SaaS 云服务后，中科软着手开发保险互联网营销与服务平台。平台的设计充分考虑了财险的业务范围和系统建设整体要求，本着用户至上的原则，体现平台建设的战略性、整体性、灵活性和实用性，为财险提供最优的解决方案，为财险的线上化业务开展提供信息化支撑。中科软保险互联网营销与服务平台可达到以下目标：

整合各渠道营销资源，降低保险公司营销门槛。平台支撑保险公司业务部门整合各渠道营销资源，制定切实可行的营销产品方案和营销任务，降低营销门槛，带动产品销售和盈利能力的提升。系统不仅对现有产品业务具有强大的支持，同时对于今后可能推出的新产品也具有兼容性和扩展性。灵活的产品配置能够支持新产品快速上线，良好的用户体验能够加强产品对用户的黏性。

实现全险种全流程的移动展业。平台系统涵盖财产保险所有险种，包括车险、意健险、家财险、责任险等；支持全流程处理，提供投保、批改、理赔、单证管理、手续费流程化处理。

基于大数据的精准化营销。基于大数据的精准营销过程分为采集和处理数据、建模分析数据、解读数据三大层面。通过对客户特征、产品特征、消费行为特征数据的采集和处理，可以进行多维度的客户消费特征分析、产品策略分析和销售策略指导分析，通过准确把握客户需求、增加客户互动的方式推动营销策略的计划和执行。

降低运营成本。后台运营高度集中，信息实时共享；跨平台和开放性的集中式系统，使系统硬件成本大大降低。

提高服务和管理质量。所有险种完全统一在一个平台上，实现以客户为导向的服务和管理；所有业务处理过程均在系统中实现，提高管理透明度。

在此基础上，中科软搭建起保险互联网营销与服务平台架构，实现“轻前台、厚中台、薄后台”。“轻前台”体现为：前台只需关注瞬息万变的市场，不再需要考虑具体的业务实现及流程。“厚中台”体现为：中台负责具体的业务功能，以及整合保险公司相关资源，支撑互联网多样性、大迸发的业务场景。“薄后台”体现为：核心关注标准、监管、风控、财务，以及传统渠道业务支撑。在此基础上，中科软搭建起适应保险数字化营销的前端解决方案和业务平台解决方案（见图 2 – 14）。

前端解决方案

平台前端主要为保户提供保险在线购买、自身保险数据查询、周边服务等能力，以及为司内员工、营销员、渠道提供在线保险销售、营销、业绩、福利等能力，达到业务线上与线下的融合，为销售人员提供系统支撑，使销售人员能简单、快速、精确、随时随地轻松出单。同时，通过系统的有效设计，使得系统与后端核心系统可以轻松对接，快速精准报价，实现保险产品一站式服务，提供从投保到保单落地的全流程服务。系统充分利用移动应用的社交属性，形成针对多受众的专属分享模式。

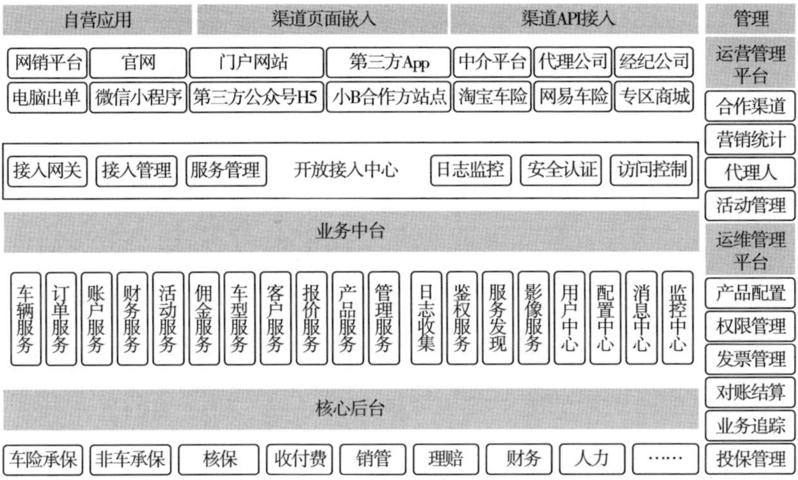

图 2－14　中科软保险互联网营销与服务平台架构

1. 系统特征

平台能够提供车辆服务，支撑本地车辆库的调用。车险投保时，根据客户录入的车牌号、证件号、车主姓名，即可通过车辆服务匹配机构自有车型库中的车辆数据，快速带出；平台也支持通过第三方车辆库获取车辆信息；平台支持自定义身份证录入键盘，以及 OCR 图像识别等多种快捷录入模式，方便用户快速录入投保信息；家庭自用车投保时，平台支持在线拍照或选取用户相册等模式实现在线上传影像资料，并能对上传的资料进行压缩处理，节省用户流量，针对异常情况失败的交易，也支持影像数据断点续传功能；平台可根据产品及营销员维度，定制个人销售二维码，支持客户扫码自助录单；同时也支持业务员分享产品出单页面、产品营销二维码海报给客户，客户点击分享链接即可出单，平台也能将对应保单归属到业务员名下；前端通过公众号、小程序、H5 多种展现形式，灵活搭配，共同组成平台各类服务，提供动静分离模式；后端提供标准化业务能力，可支持快速切换其他第三方平台；平台提供出单 H5 链接以及二维码等形式，支持便捷嵌入第三方合作渠道系统，快速完成产品出单能力的接入；平台前端页面采用配置化的素材资源，基于后台内容管理系统配置的各类素材数据进行展示，允许快速更换页面展示信息；平台提供前台页面的配置化生成能力，通过后台简单的要素和样式选择，即可完成前台页面的配置化组装，实现快速发布和产品上线；用户通过平台系统确认投保后，通过短信收到保险公司的电子投保单签署页面的链接，进入签署页面后，投保人可在电子签名系统中触发手写抄录和电子签名；客户可通过朋友圈、好友分享、二维码扫码投保等分享功能分享保险产品、优惠信息、营销活动；最后，平台的服务对象包括互联网线上用户、司内营销员、个人代理、合作渠道，根据不同角色的登陆，保险商城及个人中心等模块展示不同的信息。

2. 功能明细

商城首页：平台首页包含横幅广告（banner）、快捷服务通道、保险产品大全、爆款推荐四大模块。横幅广告主要给线上保户及营销员等用户提供新产品预告/营销活动等轮播广告，方便用户快速了解到公司近期的特色产品、热门活动情况。快捷服务通道主要根据使用频次、重要程度等各方面因素，可配置化地展示各类公司现有服务的快捷入口，方便用户快速进入所需的业务服务流程。保险产品大全提供车险、非车险产品的快捷购买入口，方便用户快速进入投保流程。爆款推荐主要展示公司热门活动、特色产品、爆款产品、营销广告等各类场景的简单介绍及图示，点击对应信息快捷进入对应业务服务流程。

保险产品：系统对车险、非车险产品进行归类划分，方便用户通过不同类别快速找到相应的产品并进行购买。系统支持对车险及非车险保险产品的完整在线购买流程，根据不同产品，在投保信息录入、投保信息确认、保费在线支付、完成投保等环节，展示不同的产品介绍、理赔指引、投保信息要素、保障方案及保费等信息。

系统提供特色产品分类，针对特色的保险产品，提供独立的入口，方便用户快速找到特色产品列表，并进行后续的购买流程。

系统提供车险（私家车）购买模块，用户可通过此功能录入个人及车辆信息进行系统报价、投保、在线支付等功能，方便用户进行在线车险购买。平台也支持在车险投保过程中，嵌入非车产品进行组合销售。在车险购买完成之后，系统自动向用户推送一条保单生成成功的模板消息，做到实时提醒；支持客户将投保页面分享给其他人员，配套相应的积分奖励计划。

系统提供非车险产品购买模块，用户可通过此功能录入投保要素进行在线投保、在线支付等，方便用户在线购买非车险产品。在非车险产品购买完成后，系统自动向用户推送一条保单生成成功的模板消息，实现实时提醒；支持客户将投保页面分享给其他人员，配套相应的积分奖励计划。

系统根据一定条件对即将到期或已到期的保单进行搜索，并给出提示，若已到续保日期，通知用户或者营销员等通过“在线续保”功能进行续保操作。上一年的保单信息自动带出到投保界面，并更新“投保日期”等变化信息。

系统支持用户在线查询账户内涉及所有状态（如待支付、待审核、已成交订单等）的订单信息，点击订单列表，可跳转至对应订单详情展示页面，针对待支付订单可快速进行相应支付操作，完成后续投保流程。

系统支持用户查询当前账号内所涉及的所有保单信息，展示保单简要信息列表，并能提供到期保单提醒。点击保单可跳转保单详情展示页面，并支持电子保单、电子发票的查看和下载。

针对互联网用户，系统展示昵称、头像，及个人实名认证手机号、身份证号等信息；针对司内营销员、个人代理、合作渠道用户，系统除展示个人实名信息外，还会展示用户出单权限、工号等信息，支持客户信息维护。

系统支持依托社交平台对各类保险产品提供个性化定制的分享能力，用户可将产品分享给朋友或发到朋友圈，针对营销员或代理渠道用户分享的链接，被保户点击购买后，所出保单支持归属到对应业务员名下。

系统为营销员/个人代理/渠道用户根据产品定制个性化的出单二维码海报，海报上展示各产品的简介和特色服务，并展示业务员相关工号等信息，方便业务员快速触达客户进行出单。

系统为营销员/个人代理/渠道用户提供节日、活动、产品宣传等各色的宣传海报，提供在线下载、社交分享等各类营销方式，方便业务员快速分享给保户，提供便捷营销服务能力。

系统与业务系统进行对接，提供业绩明细、银行卡等信息的展示功能；同时也提供银行卡信息的在线修改维护，实时同步给业务系统。

系统与内部车险理赔、非车险理赔系统进行对接，主要包括车险理赔和意健险理赔。车险理赔提供在线自助急速报案入口，为保户提供自助理赔、维修费试算、资料补传等功能，方便保户快速理赔；意健险理赔提供在线理赔申请、理赔图片上传、理赔进度查询，允许保户在线快速自助完成理赔操作。

系统根据需求完成代驾券、停车券、咖啡券等各类营销券的导入、分配及管理，为保户/营销员/个人代理/渠道用户提供优惠券的展示和使用介绍等，与提供服务的第三方平台对接，提供便捷的营销服务能力。

系统支持为保户在保单有效期内提供各种专属服务，包括一键救援、关爱代办、代步车服务等专属第三方增值服务，系统与第三方增值服务平台完成对接，方便保户在线快速完成救援、代步车服务。

业务平台解决方案

1. 内容管理

内容管理可实现在线对平台前端内容进行编辑，包括首页管理、栏目管理、模板资源管理等功能。

首页管理：可对首页内容进行排版，以及自定义功能图标；同时支持对轮播图、爆款产品及限时活动等进行配置管理（见图2－15）。

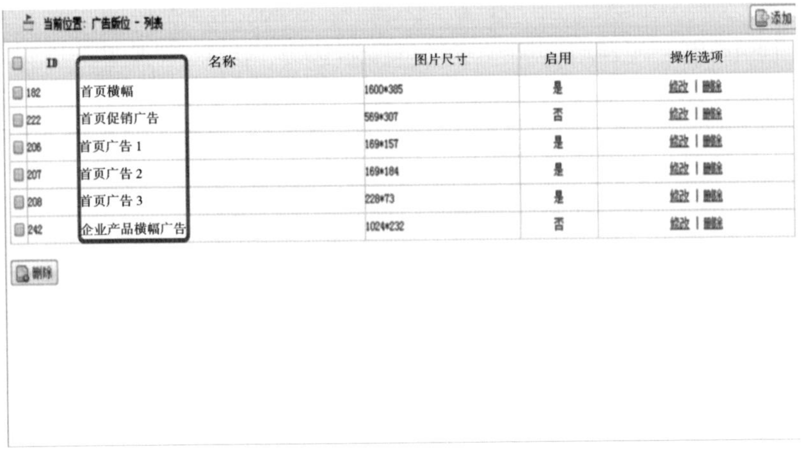

图2－15　首页管理

栏目管理：可对文章进行栏目分类及配置，还可实现增加子栏目等功能（见图2－16）。

模板资源管理：提供前端应用所有资源的统一管理。系统支持后台在线批量导入生成/同步营销员数据，自动生成营销员二维码海报；支持对营销员二维码海报的查询、应用、下架等管理

（见图 2－17）。

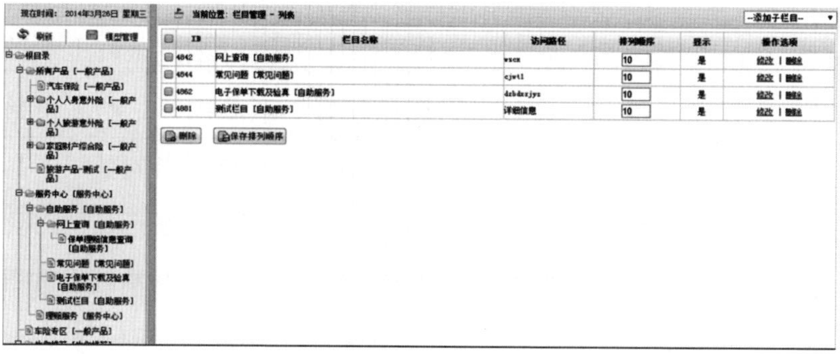

图 2－16　栏目管理

图 2－17　模板资源管理

2. 非车险产品配置

平台根据保险险种定义保险产品，同时也可定义保险产品用于前台展示的介绍信息，如产品特色、保险期限、产品简介、移动端横幅广告等。在定义产品时，可选择产品的版本进行配置管理。系统还可支持产品方案、保费、费率的详细配置，达到配置完成产品即可上线出单操作。

针对非车险产品，配置平台可以对组合产品进行电子保单配置以及统一支付配置，在出单端真正实现零代码开发。

产品配置管理：系统实现对产品从创意/计划到最终上线的全过程管理（包含产品计划、产品配置、产品预览、产品审核等）。在产品配置中，在中科软行业最佳实践梳理出的基线产品的基础上进行配置，新产品的配置过程开始于与基线产品的对比分析，分析过后仅需选择对应的基线产品，而后在此基础上进行新产品的调整即可，从而降低产品配置的复杂度与时间，更快地进行新产品上线。

系统通过设定不同的产品版本，将同一个产品不同的产品版本关联不同的险别责任，可以实现同一产品不同版本产品的维护、修改。通过对产品版本的有效性设定，可以直接维护该产品对应版本的有效性。

产品组合配置：根据实际业务场景的需要，平台可在产品的基础上进行组合售卖。中科软的产品中心可在产品的基础上，对不同的产品（自定义险种、自定义方案）进行系统组合配置，并在录入界面上达到公共信息单次录入、个性信息逐个录入，以提高录单效率；在保单生成方式上与售卖场景和监管要求对应，在车+非车的场景中分别出单，在非车内组合的场景中出一张或多张保单。

产品预览：在产品配置的过程中、配置完成后、产品审核中，系统均可对产品配置过程中的各类成果进行整体预览，并从用户体验的角度出发设计预览界面，使系统使用者可以非常便捷地浏览配置内容，实现条理性、结构性的产品配置。

相关设置：产品的界面设置包含各产品线公共信息设置与产品线下个性信息设置。中科软的基线产品基于行业最佳实践对上述信息进行分类梳理，从而推出各式界面模板供配置使用，还可基于动态的字段扩展来进行新字段需求的配置。

产品初始化时，可在“产品管理－险种业务规则”中对产品的规则进行预设。通过对规则取值的自定义设定，实现产品灵活多变的需要。如不同的产品监管对见费出单的要求不一样，可以通过规则设定，配置该产品是否需要见费出单，以及见费出单的金额。

基于保险市场趋于互联网化，越来越多的保险产品在渠道端进行售卖等趋势，中科软的产品中心可针对各类渠道进行产品与商品的对接。系统提供标准的产品信息至渠道端，供渠道端进行界面、流程与规则的再加工配置，支持在产品中心对需要发布的渠道类型与渠道进行管理。

3. 用户角色管理

用户角色管理模块提供对平台用户全生命周期的管理功能，包括新增、查询、删除、编辑等。

用户信息管理：平台提供“关注用户”的后台管理能力，支持多维度查询关注用户列表，展示用户信息，包括用户角色、渠道名称、分组相关信息等，记录和收集客户相关的信息，可提供用户相关联的保单、赔款等信息。支持用户输入姓名、身份证号之后可以关联该用户投保或作为被保险人的所有实时保单信息、赔案信息。支持案件补充资料提醒功能，并能线上上传相关资料。系统可同时记录用户的个人信息，并能传送至保险公司已有系统中，还可提供用户保单的电子保单下载、电子发票下载以及车牌补录功能。

系统提供用户的家庭成员管理和维护功能，支持保单一键续保功能，选择待续保保单可以直接进行续保投保操作。系统提供用户积分体系（与销售活动无关的体系），按照用户的操作行为积累积分，积分可以转换为各类赠送服务。

系统建立用户黑名单机制，对黑名单用户采用对应的限制操作，比如限制投保等；建立用户标签体系，可根据系统内部以及外部系统生成用户标签数据。

角色管理：平台也支持对用户数据进行在线编辑，并自动与后台业务系统进行实时身份鉴别，更新用户角色。

4. 用户服务管理

本功能的主要目的是为用户提供各类配套服务，主要包含如下功能：提供用户将优惠券或其他内容进行导入的功能，支持分配任务的下发管理；支持管理员或机构对某些特定客户标签群下发相关任务或推送消息的服务；支持理赔视频查勘定损等服务的对接管理。

5. 代理人及业务员管理

代理线上展业功能：系统将公司业务员、代理人信息，与销管系统、人力资源系统进行信息同步并实现查询管理，针对人员进行管理，实现对代理人员进行配置的业务功能。

费用结算功能：系统根据 ILOG（规则引擎）系统中配置的费用政策，进行相关费用计算，极大地满足业务对结算功能的需求。

定制产品销售模板功能：销售人员根据相关销售条款在系统中对产品的推销模板进行自主定制，为销售人员提供个人产品宣传海报等，如投保二维码、小程序等电子推广手段。

费用提现功能：用户在该功能下可查询自己账户的费用信息，还可根据个税的相关规则进行计提税款操作。

保单查询功能：系统可支持查询该用户下的所有保单信息（车险保单、非车险保单信息），页面提供引导用户进行续保、理赔等相关操作的按钮，提升用户体验。

线上签名功能：线上签名为用户节约了大量宝贵时间，也为保险公司节约了大量的纸质资源。用户只需在移动终端上点接收到的链接，跳转到签名页面即可进行电子签名。

支付页面转发功能：随着支付手段的不断进步，目前电子支付成为主流，系统能很好地与支付平台进行对接，并且提供了电子支付页面转发的功能。

6. 意健险自助理赔

系统通过非车险渠道平台或直接与险企内部意健险理赔核心业务系统进行对接，主要对内部系统接口进行预填充、字段简化、协议转换等工作，为前端提供标准化的 RESTful 服务接口。意健险理赔提供在线理赔申请、理赔图片上传、理赔进度查询等功能。

7. 营销活动管理

营销活动管理提供多种活动模板维护能力，并支持根据活动模板创建各类营销活动，推送至指定标签下的客户，包括现金红包、赠险、咖啡卡券等活动。

同时，系统基于营销活动过程产生的各类数据，生成获客量、转化率、活动成交量等各类数据统计，并通过后台系统的可视化界面，提供各类报表图示类的展示。

8. 消息推送管理

平台提供展业过程中短信发送及邮件发送的功能，支持模板配置，实现发送统计查询等功能。

短信邮件模板：系统提供发送模板配置功能，模板内容支持添加动态参数，可以对模板进行新增、修改、编辑、删除等操作（见图 2 – 18）。

短信邮件发送：短信邮件发送支持单次发送及批量发送，同时支持多维度查询短信发送记录及发送状态（见图 2 – 19）。

图2－18　短信邮件模板

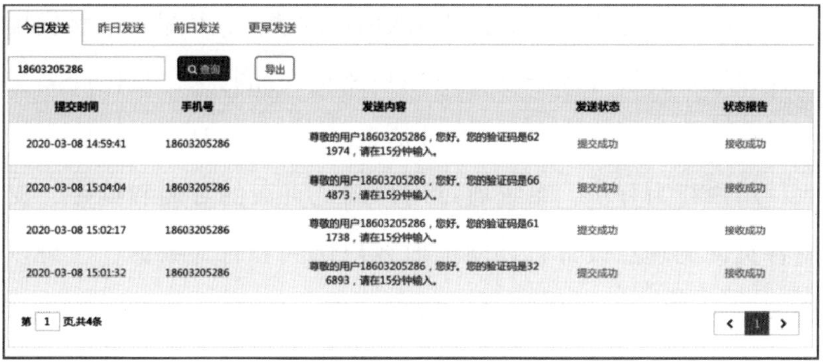

图2－19　短信邮件发送

发送情况统计：系统可对短信邮件发送情况进行多维度统计分析，并以图表形式进行可视化展现（见图2－20）。

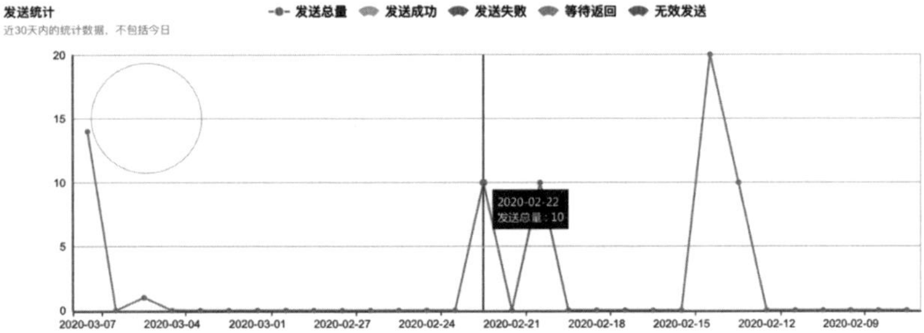

图 2 –20　发送情况统计

9. 数据统计分析

系统支持记录用户在平台前端系统上的常用操作，帮助了解用户在平台系统前端 H5/小程序上的行为，为营销决策提供支持。

产品流量统计：可以了解活跃用户的情况，从事件的触发用户数和触发次数等多维度分析用户浏览产品行为，提供产品流量、高峰时段、驻留时间等统计信息（见图 2 –21）。

用户行为分析：系统通过用户浏览页面的习惯和偏好，支持各页面的埋点设计，方便提取客户访问和行为数据，支持以图表方式展示页面浏览量、独立访客、转化率等访问量的结果，将客户行为数据形成标签，并推送至公司已有系统中。系统还可从已有系统中获得客户的相关标签信息，结合其他线索分析用户当期诉求，帮助运营和业务人员及时跟进（见图 2 –22）。

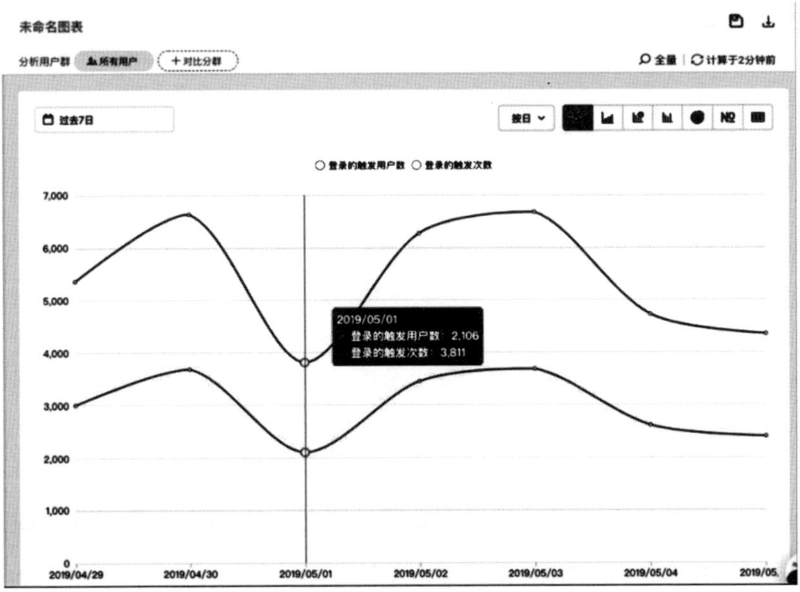

图 2－21　产品流量统计

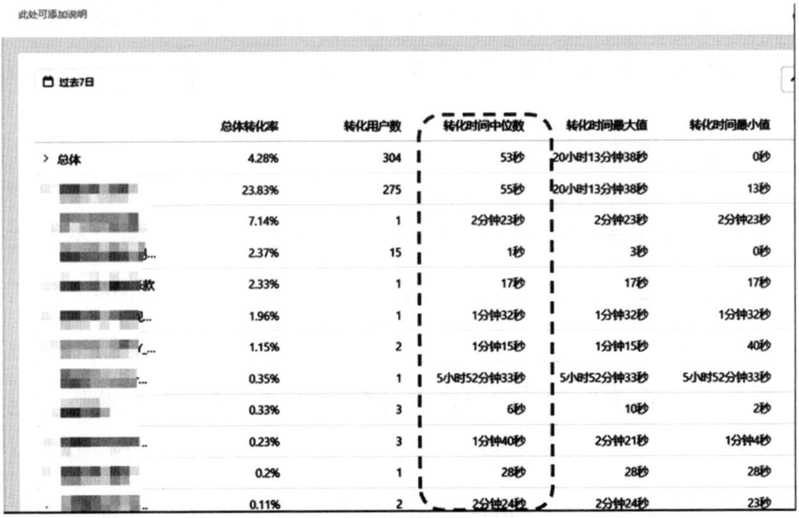
此处可添加说明

过去7日

	总体转化率	转化用户数	转化时间中位数	转化时间最大值	转化时间最小值
> 总体	4.28%	304	53秒	20小时13分钟38秒	0秒
[redacted]	23.83%	275	55秒	20小时13分钟38秒	13秒
[redacted]	7.14%	1	2分钟23秒	2分钟23秒	2分钟23秒
[redacted]	2.37%	15	1秒	3秒	0秒
[redacted]	2.33%	1	17秒	17秒	17秒
[redacted]	1.96%	1	1分钟32秒	1分钟32秒	1分钟32秒
[redacted]	1.15%	2	1分钟15秒	1分钟15秒	40秒
[redacted]	0.35%	1	5小时52分钟33秒	5小时52分钟33秒	5小时52分钟33秒
[redacted]	0.33%	3	6秒	10秒	2秒
[redacted]	0.23%	3	1分钟40秒	2分钟21秒	1分钟4秒
[redacted]	0.2%	1	28秒	28秒	28秒
[redacted]	0.11%	2	2分钟24秒	2分钟24秒	23秒

图 2－22　用户行为分析

10. 接口对接

平台系统采用服务化设计，针对前端应用，提供统一标准的RESTful API，简化车险出单流程，并减少录入要素。系统与渠道平台接口对接采用模板引擎技术，提高渠道平台对接效率，缩短实施周期。

11. 第三方平台渠道对接

系统为第三方平台提供渠道支持，提供渠道管理和产品投保页面，主要包括：提供投保页面跳转服务，实现全流程操作；跳转投保页面时可以附加相关渠道信息参数，以便区分业务归属和费用；对渠道承保数据提供数据推送功能和保单数据读取接口，方便其他平台读取保单数据；为第三方合作平台提供产品页面设计，方便渠道快速实现产品上线。

12. 系统运维监控平台

平台对交易运行情况进行监控，分析系统出错原因，不断优化系统，主要包括如下方面：记录交易失败的信息及原因，包括本系统向核心系统、相关系统发送返回的信息情况，如精准报价失败、发送短信失败、超过投保份数限制、申请发票失败等；提供发送至核心系统但未返回成功的交易记录及原因，以便根据错误原因修复数据，如支付成功但未返回保单号的情况；提供工作台界面，方便用户操作。

13. 其他功能

平台还可拓展支持智能客服助手、小程序、渠道对账、产品配置整合等功能。

智能客服助手：产品可结合现有多媒体智能客服产品，引入智能客服助手，自动在线解答用户常见问题，减少用户投诉及人工运维成本，包括：实现一问一答，精准识别用户提问的含义，推送知识解答；消除歧义，补充用户提问；提升纠错能力，帮助机器人理解用户真正表达的意图。用户进入机器人服务界面后，系统根据用户的访问轨迹、业务状态等信息，在客户提问前主动推荐用户可能想问的问题。

产品配置整合：系统实现前端产品配置功能与现有渠道平台产品配置功能的整合，减少碎片化系统，方便运维人员一站式进行产品配置管理，做到所有合作渠道产品的一键上下线。

中科软保险互联网营销与服务平台实现了产品实时协调、保障快速上线，可在几周内完成产品化部署实施、车险标准化流程对接实施；在 2 ~ 3 个月实现全产品线展业出单上线实施，营销、服务等运营全流程实施。

中科软保险互联网营销与服务平台已在众多保险机构中进行应用，其中，基于中科软保险互联网营销与服务平台建设的某保险公司移动营销平台，实现支持车、财、意健险全业务线，已推广至全国众多分公司，以及航保特险、自贸区等，基本涵盖全国数十万保险业务员，每年通过平台销售的保单保费达几百亿元。

中科软保险互联网营销与服务平台支撑某金融机构实现 SaaS 移动营销支持 App、H5、小程序多种版本，对接几十家保险公司企业的产、寿、健全业务线的核心系统，服务全国几百家中介机构及经纪公司。基于中科软保险互联网营销与服务平台建设的某互联网保险营销平台（该平台定位是互联网保险科技平台，全民营销代理展业平台），主打保险数字化营销、线上投保、客户管理以及团队建设发展，同时为接入渠道提供商户平台，充分赋予渠道自主运营能力。平台实现累积接入渠道及团队 900 多个，累计注册营销和代理员 80 000 多人，年均保费收入超过 10 亿元，累计对接保险公司有十几个。

"技术 + 模式" 重塑车险理赔——爱保科技

如果从发展走势来看，互联网车险的发展已经到了一个关键节点。近些年，互联网车险业务发展趋缓并持续走低，2015—2017 年，互联网车险业务持续下滑；到了 2018 年，市场主体主动探索互联网车险业务发展新模式，互联网车险业务有回暖，实现了短暂的恢复性增长；但是到了 2019 年，局势再度恶化，互联网车险业务保费收入为 274.52 亿元，同期负增长 25.55%，同时，互联网车险业务占比于 2019 年年初跌破 50% 后持续走低，直至年底仅为 32.74%，业务渗透率持续走低，直至年底仅为 3.55%。互联网车险市场进入一个明显的转折期（见图 2 – 23）。

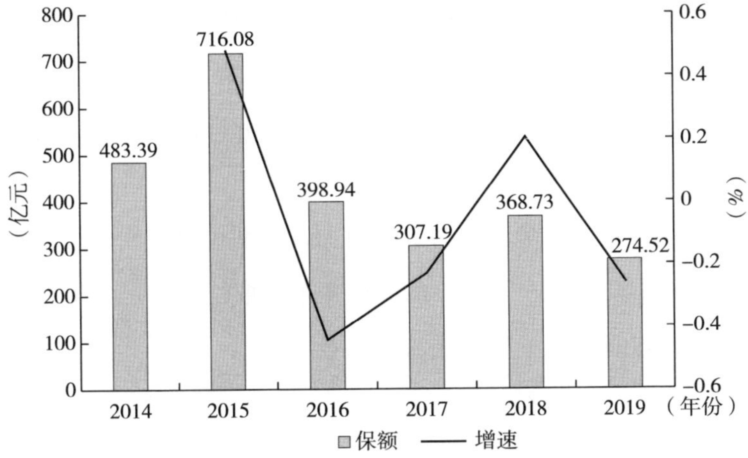

图 2－23　2014—2019 年互联网车险年度保费收入路径

互联网车险不具有场景化等新型特征，更多体现了渠道销售的属性。互联网时代的车险发展应有 3 个趋势，包括多元化的产品体系、科技驱动和全新模式，及未来在数据联盟、产业生态上的布局。目前互联网车险更多体现了渠道销售的属性，是一种线下向线上的渠道转换过程，不具有场景化等互联网特征。因此，互联网车险发展到今天，已经不能仅仅通过“互联网＋”来解决问题，而要在整个产品生态层面实现彻底融合。

从车险发展的微观层面来看，车险理赔的质量没有随着汽车保有量的迅速增加而提高，而是成为保险行业中被广大用户诟病最多的领域之一，服务触达难、用户服务体验差、保险行业存在大量欺诈和渗漏案件，影响了整个行业的运营效率。保险理赔工作仍然存在客户服务不便捷，对差异化需求难以提供有效支持，理赔操作链条长，自动化、智能化程度不够等问题，理赔运行效能存在较大改善空间。如何突破原有的渠道限制，充分利用金融科技底层技术“武装”自己，打造新时代新车险模式，是一座横亘在所有车险企业面前的大山。很多企业都提出了自己的解决方案，在这条全新的道路上摸索前行。其中，爱保科技的“芯极限”智能理赔项目顺势而为，因时而动，活用创新四大技术，以模式创新推动以客户为中心的商业变革，取得了一定成果，提供了自己在智能时代车险发展的新思考。

实际上，爱保科技的“芯极限”智能理赔项目是供给侧和需求侧双向“倒逼”的产物。从供给侧来看，爱保科技“芯极限”智能理赔项目作为人保集团数字化战略的重要布局，一方面拥有着天然的海量数据和大量可直接对接的应用场景优势，另一方面具有灵活的市场化体制机制。项目充分发挥了人工智能技术、保险科技变革对车险理赔成本管控、理赔运营效率提升、客户体验升级等各项理赔基础工作的改造及支撑作用。从需求侧来看，当前保险理赔工作仍然存在客户服务不便捷、对差异化需求难以提供有效支持，理赔操作链条长，自动化、智能化程度不够等问题，理赔运行效能存在较大改善空间。尤其是公安部、银保监会与北京市政府需要切实落实“放管服”改革，防范由于道路交通事故现场撤除不及时引发的交通拥堵和二次事故，快速化解矛盾纠纷。因而，在供给侧和需求侧的双重作用下，爱保科技“芯极限”智能理赔项目应运而生。

四大技术“颠覆”车险理赔方式

计算机视觉技术在车险定损场景的应用创新

计算机视觉技术主要包括车身部件关联网络建模部件关系，对车身外观件进行精准定位和识别、类 ROI（感兴趣区域）的注意力机制聚焦损伤区域、云端图像增强和优选模块减轻客户端负载、多模型投票机制获取最优结果。

基于视频流抽帧的车损图像获取方法

先由图像处理中心接收图像获取平台发送的视频图像信息，其中所述图像获取平台包括视频监控装置和无线传感器网络；所述图像处理中心对接收的视频图像信息进行对应解压处理，对同一传感器节点的先后视频图像信息的内容进行比对，判定是否需要生成预警信息；在生成预警信息时，所述图像处理中心将所述预警信息发送至预先确定的智能终端，获取拍摄的视频数据，从所述视频数据中抽取多个关键帧图像，检测抽取出的所述多个关键帧图像，识别出其中包括车辆受损区域的关键帧图像，按照预设筛选条件从所述包括车辆受损区域的关键帧图像中选出车辆的定损图像，并对拍摄的视频中的关键帧图像进行提取并识别。这种方法使得车辆定损图像的获取效率显著提高，而且降低了识别过程中计算资源的消耗，为用户带来了更好的体验。

一种基于人工智能的车辆定损方法及装置

先获取由激光测距仪测得的首次出现在预设范围内的目标与车辆之间的初始距离；识别由摄像头实时捕捉的包括各目标在内的图像，并得出目标的实时图像宽度或高度；根据实时图像宽度或高度、初始距离、镜头焦距以及初始图像宽度或高度，通过预设距离公式实时计算出目标与车辆之间的实时距离，并判断实时距离是否小于实时安全距离。如果小于实时安全距离，获取所述目标对应的位置坐标，并根据所述位置坐标控制所述激光测距仪，对该目标进行实时测距，获取车辆的中景定损图像。在获取的中景定损图像符合定损需求的情况下，识别中景定损图像中的至少一个车辆受损部位，获取至少一个车辆受损部位各自的近景定损图像。在获取的近景定损图像符合定损需求的情况下，根据至少一个车辆受损部位各自的近景定损图像，确定每个车辆受损部位的损伤类型和/或损伤程度；除此之外，确认基于至少一个车辆受损部位及各自的损伤类型和/或损伤程度，确定车辆的损失。智能定损模型对车辆定损图像进行处理，获得所述车辆准确、全面的损伤以及对应的外观件信息，使得车辆定损结果更加准确可靠，并减少了主观因素对车辆定损结果的影响。

对应该智能定损方法的实现装置包括：定损图像获取模块，被配置为获取车辆的定损图像；损伤信息获取模块，被配置为将所述定损图像输入智能定损模型，以获得所述车辆的损伤信息；车型信息获取模块，被配置为获取所述车辆的型号信息；损失确定模块，被配置为基于所述车辆的型号信息和损伤信息确定损失。

基于历史案例的赔案交叉验证处理方法

首先获取待处理案件的定损图像，根据所述定损图像得到所述待处理案件的第一定损数据；基于所述第一定损数据调取预定数据库中与所述第一定损数据相似度高于预设值的至少一个历史案件对应的第二定损数据以及历史赔案数据；根据所述第二理赔数据对所述待处理案件进行赔案。通过对历史案件分析建模，提炼出各类碰损模型，覆盖绝大部分碰损场景，对于不符合碰损模型的案件提出风险警示，大大提升了案件风险管控效率。

以模式创新推动以客户为中心的商业变革

“芯极限”围绕“保险 + 科技 + 服务”，以车主的保险和服务为切入点，以科技引擎为支撑，先行赋能行业，最终向家庭用户提供保险与服务综合解决方案（见图 2 – 24）。

建立精准场景服务模式

针对简单小额车险理赔案件，“芯极限”智能理赔项目组面向个人客户在线自助理赔场景，研发了全流程、全线上、全自助、秒定损的“芯极限”智能自主赔产品。具体应用流程为：个人客户出险后，直接打开手机应用程序，按照指引使用手机首

语义识别	知识图谱	图像识别
通过语义识别技术，实现保险条款自动解析，实现保单诊断和保险产品的对比	根据知识图谱数据模型及词汇体系，规范结构化数据表达，为保险产品搜索、推荐提供模型支持	通过图像识别判定受损和损伤程度，与海量历史数据库进行交叉验证，智能计算理赔金额
深度学习	**模型与算法**	**数据与风控**
根据客户的画像和知识图谱，通过神经网络模型精确映射产品标签，为用户匹配最合适的保险产品	建立定价模型与损益模型，根据风险程度实现差异化定价，对保险公司进行降损减赔	基于大数据平台，前置风险防控。利用面部活体、地图位置、车联网等数据，进行智能风险识别及预警提醒

图 2－24　技术赋能服务

先对准车牌进行扫描，然后对准车窗挡风玻璃上的车架号扫描，最后对准车辆外观受损部位扫描，扫描过程中，机器会自动识别车牌号码、车架号信息，确定车辆型号，同时自动识别车辆受损零部件与受损程度并输出维修方案，调用本地化工时配件价格后给出车损测算结果，即本次受损预计需要花费的维修费用及明细。

客户在看到车损测算结果后，依靠系统的下一年保费预算功能，可以自助判断本次出险理赔是否划算。如果客户选择继续理赔，则可直接一键自助理赔报案，系统将车辆损失图片及定损结果上传给保险公司理赔服务平台，然后选择赔付方式（修车或者直接领取赔款）。对于选择直接领取赔款的客户，系统自动核损结案，当天即可将赔付款支付到账。对于选择理赔修车的客户，系统根据客户需求及客户画像，智能推荐合适的修理厂供客户选择，并支持基于定位的一键导航快速抵达修理厂。智能自主赔全流程如图 2－25 所示。

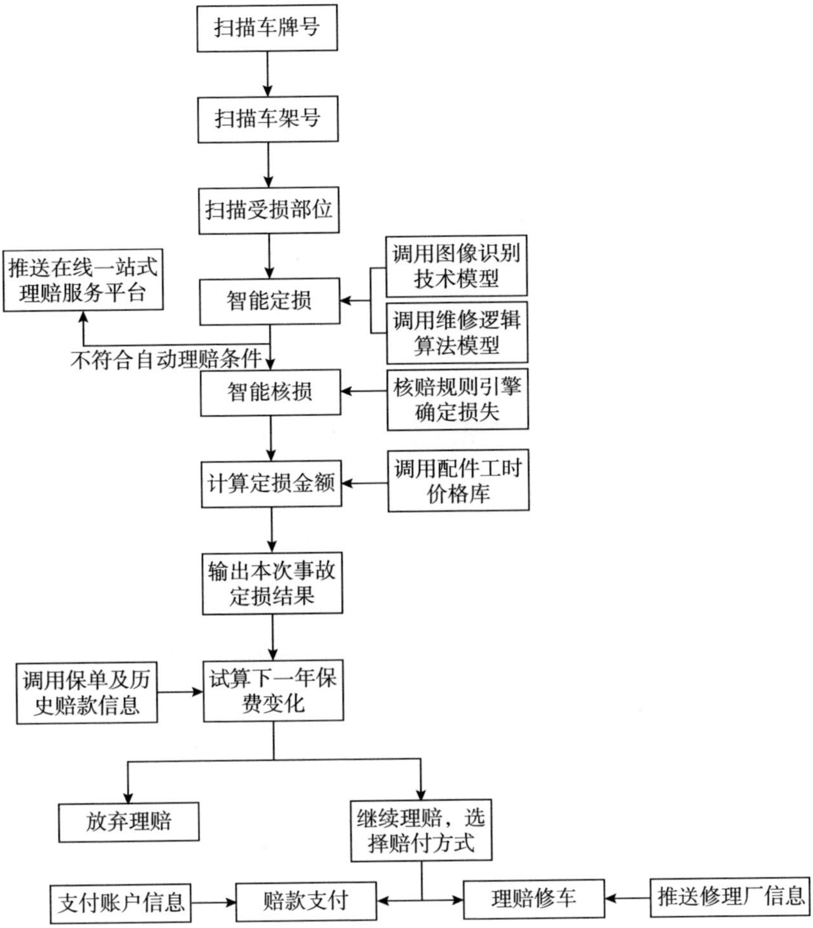

图 2－25　智能自主赔全流程

建立理赔定损和维修服务的生态圈

“芯极限”智能理赔项目拥有保险行业内最完备的车险定损

数据，覆盖43 117个车型，配件数据近亿条，还拥有标准化的工时库，以及遍布全国300多个地市、4 000多个县域、1万多个乡镇的118 612家合作修理企业网络。根据用户选定的维修区域，智能理赔工具精准推荐最合适的维修机构，用户确认后，系统自动生成定损清单发送至维修单位，及时生成维修工单，同时向人保金服驾安配平台发送配件订购单，及时供货，确保维修时效与维修质量。用户车辆维修完毕后，理赔人员还会用车险芯定损工具为车辆的安全、制动、动力、转向等关键部位做一次全面体检，将维修好的车辆交还给用户的同时，向用户提交一份车辆体检报告，实现真正的理赔全流程服务闭环的生态模式。

警保联动，助力以客户为中心的商业模式变革

“芯极限”智能理赔项目为助力人保集团与公安交警部门在道路交通管理安全领域的深度合作，积极创新与推进“警保联动”服务新模式，打造全流程线上化、智能化的“警保联动平台”。同时，为客户提供了更为便捷、快速、高效的交通事故一站式“快处快赔”服务模式。事故发生后，由客户或警保联动现场服务专员上传事故数据，通过在线智能定责、在线智能定损、在线理赔支付等服务流程一站式处理，不到15分钟即可完成事故定责，10分钟即可完成车辆定损，最快5分钟支出赔款，与传统模式相比，极大地提高了交通事故快处快赔处置效率，真正实现了交通事故处理的“快处”和“快赔”，客户满意度99.6%，与传统交通事故便捷处理相比，平均每案节约客户时间

超过 5. 14 小时。

一方面，“芯极限”智能理赔项目基于大数据与深度学习算法的应用研究，将人保财险多年积累的反欺诈风险控制规则与方法逐步实现智能化演变；另一方面，通过合规手段外链个人征信、社交、消费、健康、地图、出行等第三方数据资源及技术，设计研发了“案件、车辆、客户、维修企业、理赔员”全面集成的多维、立体、开放的智能风险分析与监测体系，应用逻辑回归、随机森林等多元算法，开发了涵盖车型配件类、定损逻辑类、核损减损类、虚假欺诈类等全方面风险因子库，数万条数字化理赔风险控制规则，以及虚增项目检测、换修标准检测、赔案风险规则引擎、风险客户规则引擎、人场关系规则引擎等智能模型。覆盖理赔全流程主要个案与团伙风险，更加高效地识别欺诈案件，实现对风险的事中智能拦截、事后智能质检筛查，有效降低理赔成本。截至 2020 年 12 月 31 日，智能风控平台年度检出风险案件超出 104 万件，年度累计提示风险金额过亿元（见图 2 – 26）。

对比国内外先进的同类项目，“芯极限”智能理赔项目起步晚、发展快，具有以下特点：一是机器学习的样本数量巨大且定损标准相对统一，识别率在行业内领先；二是爱保科技拥有可掌控的应用场景，可开发不同形态的产品快速投入试点，并根据用户反馈不断优化产品和模型；三是“芯极限”智能理赔产品最具备实际应用的条件。

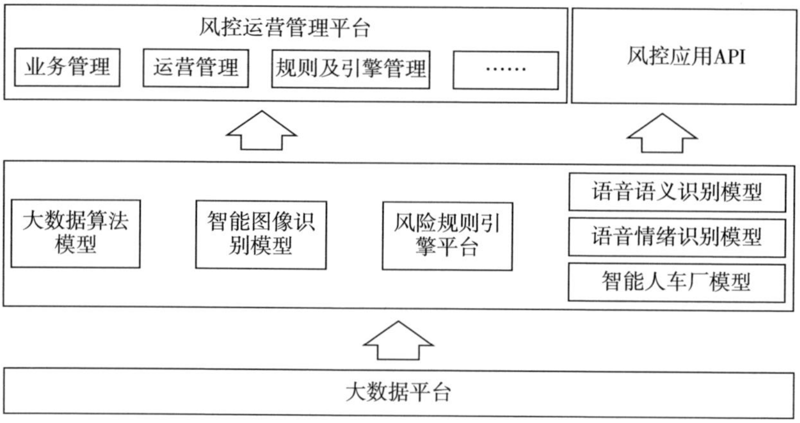

图 2－26　风控产品总体架构

保险科技发展的“压舱石”

通过保准牛、爱保科技和中科软的案例，我们可以看出，以金融科技赋能保险，以保险深化金融科技应用已经是不争的事实和趋势。传统保险企业的发展，重点在营销、渠道方面的创新，但是随着金融科技的不断渗透，使科技成为一家保险公司发展的命脉。金融科技对保险公司的影响不再局限于业务模式方面，而是已经渗透到战略规划、企业文化、资源匹配以及组织形式等各个方面。后起的保险公司，必须在诞生之日起就是一家金融科技赋能公司，其核心底层技术分为五大类①，每一大类下面都有各

① 人工智能、大数据、分布式技术（云计算、区块链）、互联技术（移动互联、物联网）和安全技术（量子计算、生物识别等）。

种不同的细分技术。保险企业如何活用这些技术，是争取未来竞争优势的关键。保险＋金融科技的下一步，必然是“ABCD＋”全链式赋能，挖掘保险新形态。在当前及未来的一段时间内，大数据技术是保险科技的核心和统领，云计算是大数据技术实施的硬件基础。保险科技诸多技术分支都是围绕数据来源的拓展、数据存储、使用规则的创新以及数据分析方法的丰富展开的。

大数据技术是保险科技的核心技术，其应用贯穿于保险全过程。在营销方面，保险科技公司根据客户的个人属性和金融信息，基于内外部数据模型描绘客户画像，精准获取新客户、持续转化准客户、精准营销老客户、预防客户流失，将客户需求完全掌握在自己手中。在产品方面，通过积累、挖掘、分析客户的外部行为数据，定制化产品开发、实行产品组合管理、个性化保险定价，在创新产品的同时降低交易成本。在服务方面，通过分析客户的特征、习惯以及偏好，搭建智能共享数据平台，提升服务质量，简化服务流程，提供个性化服务。在风险控制方面，一方面，保险科技公司可利用大数据收集的由移动互联网及移动智能设备技术等终端得到的关于被保险对象的综合信息，经过处理后获得客户准确而且个性化的风险信息；另一方面，在对客户承保后，大数据可以提高对潜在风险的精细管理，有助于事先发现潜在风险，防止潜在风险演变为事实风险，利用风险场景技术、智能系统、生物特征识别等技术，有效实现反欺诈。

人工智能在保险中的应用主要体现为四个智能化。一是智能化客服系统，优化保险服务。智能客服能够代替人工进行部分信息整理和咨询工作。在投保环节，提供证件扫描服务，基于人脸识别等技术来为投保客户提供查询保单的服务。在理赔环节分析和理解数据，自动加快人工处理最终理赔结果的速度。二是智能化核保系统，降低赔偿风险。通过人机交互的方式与客户在线交流，了解客户信息、评估客户风险，并自动出具是否同意承保的决定。人工智能系统可以用来识别保户提供照片的真实性，通过技术来实现快速投保，不过，目前人工智能在核保、核赔方面的应用还处于起步阶段。三是智能化定价模型，更优产品定价。利用机器学习、强化学习等技术，突破大数定律的限制，提高定价精准性。四是智能化资产管理，精确捕捉投资机会。在智能投顾领域，在长周期内用量化模型进行投资选择，做短周期的策略开发，优化资产配置，降低风险。

区块链技术的分布式网络使得基于区块链的应用具有明显的开放性和可拓展性；共识机制的独立存在使得合约的执行成本降到最低，执行效率大大提升。基于此，区块链在保险行业的产品开发、风险防范、流程优化以及相互保险等领域具有较广的应用价值。在创新产品和服务方面，区块链技术通过智能合约，能够提供个性化定制保险。强制执行、不可篡改的属性能够为新兴市场提供低成本产品，提高客户参与度。在反欺诈方面，透明化、公开化的属性能够全面准确地追踪被保险人的健康状态和生命状态，准确确认风险事件的时间和地点。在运营方面，智能合约能够完成理赔处理的自动执行，强化具体合约规则，提升运营效率。

物联网技术在保险行业的应用主要体现在车联网技术、可穿戴设备和智慧家居领域。车联网应用在车险的费率厘定，能够更精准地进行保险定价和风险管控，同时更加细分了车险市场。在人身险的应用中，可穿戴设备应用到医疗设备上，通过收集被保险人身体状况的数据，对被保险人的健康进行管理，降低发病率和死亡率，实现主动风险管理的目的。在财产险方面，保险公司可以通过智能家居和移动设备的组合运用，对家庭财产进行事前风险防范，事中监督，打通保险的全流程服务。

“基因诊疗①＋保险”的模式是近几年才出现的新模式。2015年6月，众安保险联合华大基因推出中国首款互联网基因检测保险计划“知因保”，通过基因检测得知患乳腺癌概率，并根据检测结果提供相应的乳腺癌专项体检服务和保障计划。平安寿险、中国人寿集团、中国人保集团、太平人寿、富德生命人寿、新华保险等一大批保险机构也纷纷与三甲医院、民营医疗公司等基因检测机构展开多项合作。在未来，仍存在肿瘤、心脑血管疾病和出生缺陷等多领域的深度合作机会。

---

① “基因诊疗”是“基因诊断”和“基因治疗”两个概念的合集：前者是指为了有针对性地预防和解决遗传疾病，通过基因的采集和实验室分析，结合目前人类对基因组的认识和分子遗传学数据，对普通遗传病或家族遗传病做出诊断；后者是指将外源正常基因通过基因转移技术导入靶细胞，通过纠正或补偿因基因缺陷和异常引起的疾病的达到治疗目的。

第三章

证券+金融科技：证券数字化改革的痛点和着力点

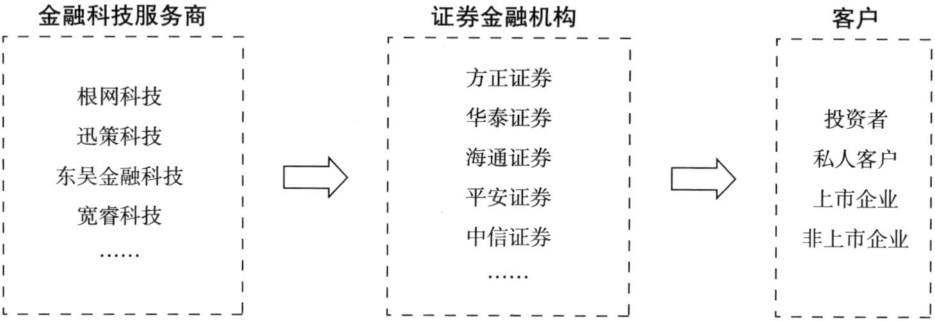

证券+金融科技产业生态图

证券科技公司主要通过两种模式对机构端进行赋能：其一，构建基于业务某一单点模块的科技智能系统，例如构建基于大数据和人工智能的智能交易系统，专注于提供交易科技；其二，为机构端提供全场景全业务流的一体化解决方案。不论是哪种模式，证券科技公司赋能的关键都是做好风控。不同的证券科技公司提出了不同的解决方式。其中，根网科技凭借独立研发的联合风控系统提出了自己的解决方案，走出了一条证券风控升级的数字化发展之路。接下来，我们具体看一看根网科技的联合风控系统是如何炼成的。

风控的两大痛点如何解决——根网科技

证券金融机构风控的两大痛点

自 2015 年以来，中国证券金融市场进入高速发展的快车道，交易所在不断推出新业务的同时，对原有业务也同步进行着优化改造，如上交所期权、商品期权、存托凭证、科创板、深交所分区回报、ETF（交易型开放式指数基金）结算优化改造、上交所FAST行情等，累计近百项，致使证券金融机构不得不面对每月一次的核心交易升级的窘境。而现阶段“专项业务、专有系统、专有机房”的系统建设模式，无形中将此窘境成倍放大。凡此种种，为证券金融机构的风险管理带来严峻的挑战。

此外，伴随着证券金融市场业务复杂度的提升，市场监管机构的监管力度也在同步加强，多项监管条款陆续颁布，如沪深交易所联合发布《会员客户股票交易行为监测监控参考要点（试行)》、上交所发布《上海证券交易所科创板股票异常交易实时监控细则（试行)》、证监会发布《证券基金经营机构信息技术管理办法》等。自2016年以来，“高压监管”是中国证券金融市场的主旋律，一系列投资交易监管机制陆续出台，如证券终端信息采集、全天净买入申报额度控制、大股东减持额度控制、期货穿透式管理等，旨在强化对证券市场金融投资风险的事前管控，弥补事前监管机制的不足。通过研究国际证券市场发展历程我们不难发现，国际上的诸多证券市场均经历过这一过程。而监管机制的完善，恰是对证券市场投资环境的净化，有利于为投资者建立良好的投资环境。所以中国证券市场各大证券金融机构均利用此机会，强化在事前风险管理层面的技术储备，积极拥抱监管。

券商目前的风控形势，大部分仍处于“低效高耗”的状态。其中，“低效”指的是大部分券商的风控是分散的，既在业务上分散（各部门风控各自为政，相对独立），也在技术上分散（各业务部门使用不同供应商提供的系统，技术体系不同，数据相互隔离），不仅管理效率不高，甚至存在长久的风险问题。已有风险管理系统无法将各类型投资管理系统（如融资融券系统、经纪业务系统、资产管理系统、固定收益系统等）有效关联，无法实现对市场风险、信用风险、流动性风险以及操作风险在事前环节的全面覆盖，不能满足《新巴塞尔协议》及监管框架下金融投资机构对风险管理指标测算的需求。现阶段，国内证券金融机构为适应不同业务的发展，广泛采取“专项业务、专有系统、专有机房”的系统构建模式。此模式下的风险管理机制各自为政，无法实现事前风控的有效串联管理，如全天净买入申报额度控制，采取每个交易系统独立配置指标阈值，虽然解决了风控问题，却是以牺牲资金使用效率为代价，从而影响了整体收入水平。此外，因为过多交易系统的存在，在风险运营环节，很难实现监控与管理的统一，致使风险管理人员不得不在风险监控与管理过程中不断游离于各个交易系统之间，无形中增加了操作风险，带来安全隐患。

而“高耗”指的是为了符合政策的要求，在“低效”的背景下，大部分券商只能依靠内部制度以及大量人力来保障交易合规。同时，还会存在部分风控点需要在不同交易系统中都实现，重复开发，消耗资金的问题。

在“低效高耗”的问题中，上下游系统对接、系统拓展、系统性能提升、安全设计等方面最为棘手，也是下一步提升券商风控水平所要解决的重点问题（见表3－1）。

表3－1 技术难点解析

技术难点	内容
与上游各交易系统对接	内部存在多套供应商系统在券商中是普遍现象，因此为能够获取尽量全的交易数据以实现公司级风控，就需要打破各系统间的数据隔离，实现上游的数据对接
与下游各交易所对接	系统需要与包括上交所、深交所、各期货交易所在内的国内各交易系统进行数据对接，保证交易送达
系统拓展性	无论是政策法规还是券商内部要求，风控需求都是在不断拓展和变化的，系统需要充分考虑风控点的易拓展性
系统性能	风控环节是整个交易过程的一个环节，风控环节需要做到高性能，以降低对整个交易过程性能的影响
安全设计	因为风控系统所处环节相对比较敏感，决定委托是否要报送，所以要有充足的安全策略保证自身的高可用性以及稳定性，避免影响整体交易

“技术＋模式”组合拳满足客户需求

针对前述的“低效高耗”问题，根网科技认为，无论是从业务角度还是技术角度，券商都需要一套“高层次”（公司级统一联合风控）、“控得住”（保证交易合规）、“全覆盖”（能够覆盖券商自身业务范围）的风控系统，引入前沿技术，创新风控模式，以一套“技术＋模式”的组合拳实现风控的事前控制、灵活控制、精准控制。根网科技的联合风控系统，采用分布式架构设计，通过内嵌针对不同风控监测维度的风控引擎，实现在资产管理和金融投资过程中事前、事中、事后的全面风险管控，有效预防证券投资交易过程中潜在的风险，维护证券市场的良好秩序。

联合风控系统在设计过程中，创造性地引入分布式总线技术、人工智能技术、复杂事件处理（CEP）技术等多项前沿技术，并对核心风控模型算法进行深入优化处理，有效解决了困扰证券金融机构的全面风险管理问题，为中国证券金融市场的健康发展提供了强有力的技术支撑。联合风控系统由交易代理（TP）、自研消息总线（RTM）、风控引擎（RCU）、风控管理系统（FRMS）及风控 R-API 等模块组成，各模块通过消息总线进行互联互通，具备低耦合性、高性能、高扩展性以及风险管理全面的特点。

创新性交易代理服务，实现交易系统与联合风控系统解耦

在交易系统接入环节，根网科技基于交易所网关协议框架，创新地设计出交易代理服务组件。该组件对上游异构交易系统完全透明，在接入后，上游交易系统由原对接交易所接口库/网关，转而对接联合风控系统交易代理，其间无须任何改造，由交易代理实现对委托订单路由至联合风控系统，并对通过检查的订单报送至交易所接口库/网关，同时接收交易所返回的信息。该项技术完全突破了传统的系统间 API 对接的方式，节省了大量系统 API 对接开发成本，极大提升了对接效率。同时，该技术实现了交易系统与风控系统间的解耦，提升了系统的健壮性以及易维护性。

引入复杂事件处理技术引擎，提升风控事务处理效率

在风控指标运算处理计算过程中，为提升风控事务运算效率，根网科技引入复杂事件处理技术，通过将证券行情、委托订单、回报信息、资讯信息、交易行为“事件化”，定义针对不同事件的风控处理逻辑。其中，风控业务处理逻辑全面内存化（引入 H2 嵌入式数据库），以提升效率。此外，在针对业务逻辑处理环节，创新性地采用 Disruptor 技术框架，通过无锁调度机制，进一步降低系统硬件资源消耗。

自研消息总线，加速消息传递效率

联合风控自研消息总线，汇聚交易数据，实现不同系统统一接入。自研消息总线对接多种数据源采集数据，为复杂业务场景数据提供保障，可供订阅，为系统提供高效、快速的交易数据分发和推送，能有效地提升传递效率。联合风控的自研消息总线支持 TCP、R-UDP、组播等通信接口，并支持 C + + 、Python、Java 等十多种语言对接开发。根据多业务场景，风控引擎根据其所需消息数据进行订阅，获取相应消息。

引入人工智能技术，实现针对异常交易行为全面侦别与控制

引入人工智能技术，通过对交易行为的大数据采集和回放训练，提供人工智能对异常交易行为的分析和预警，增强对于虚假申报、拉抬打压等恶意操纵行为的监控。

通过人工智能技术、对大数据的采集和自研算法等，能更有效、更精确地判断出行情的现状趋势、投资者是否存在异常交易行为等，为风控系统提供更精确的保障。如基于大量数据采集、回放训练，通过申报间隔时间、申报价格、申报方向、是否影响行情变化、自研算法等条件，系统可以准确地判断出投资者是否存在虚假申报、拉抬打压等异常交易行为，并及时做出回应。

通过该技术，联合风控可以做到对有异常交易行为的投资者进行事前、事中、事后处理，同时对有异常交易行为趋势的投资者还可以及时监视。联合风控的双重监控措施，能够避免异常交易行为的发生，保证投资者、券商的利益不被侵犯。

引入多元化风控模型，实现全面资产类风控管理

为实现基于《新巴塞尔协议》框架下的全面风险管理要求，系统内嵌了丰富的风控模型算法。首先，系统内嵌了用于市场风险评估的多因素模型，除了可以直接引用系统内置的市场因子、行业因子和风格因子以外，用户还可以自定义因子指数导入系统应用。这一模型深化了对投资组合风险的评估与优化，支持了投资组合风险调整评价指标和 VaR 值计算、情景分析和压力测试。另外，多因素模型的引入丰富了 Barra 风险因子敞口与因子收益的计算，内置多种策略分析市场指数，可以协助用户有效地对包含权益、固定收益、衍生品等在内的投资组合进行归因分析。

在信用风险管理方面，系统涵盖了对信用风险敞口、信用违约概率和违约损失率的全面分析。对信用风险敞口，特别是衍生品的风险敞口提供了丰富的定价模型支持，实现盘中实时风险敞口测算；对信用违约概率，系统提供了线性概率模型（Z/Zeta）、Logit/Probit 模型、KMV 模型等多种分析建模的手段，有效丰富了客户的内部评级系统；对违约损失率，系统支持客户历史大数据分析提炼以及自定义功能。

在流动性风险管理方面，系统支持盘中最优下单算法模型及流动性在险价值（LVaR）的计算，帮助客户监测和把控流动性风险。这样的一体化解决方案可以满足客户在《新巴塞尔协议》和国内监管要求等方面的各项风险资产和风险调整资本的测算。在各类算法实现中，针对算法的不同特点，系统使用多种方式进行了优化。例如，针对蒙特卡洛模拟算法，系统使用了多线程并行计算、随机数优化算法、方差减小技术等对效率进行了改进，使复杂多合约模拟可以在 1 秒内完成。

灵活部署模式，提升系统的高可靠性

系统核心组件排队机、消息总线、风控引擎均采用双活的集群部署模式，提升系统整体的可靠性。

消息总线采用集群部署、多主多从架构，保证交易数据无障碍分发和推送。风控引擎采用“1 +1”“n +1”“n + n”等部署模式，当引擎发生故障时，迅速切换备机工作，保证了主备双活，灵活部署。“1 +1”部署，即主引擎与备引擎同时订阅消息和总线消息，并同时计算，保证双活；“n+1”部署，即多个不同业务场景的主引擎拥有一个备引擎，该备引擎订阅 n 个主引擎的所有业务消息进行计算，当其中一台主引擎发生故障，备引擎可以立刻切换。根网联合风控的该种部署模式可以灵活配置主备引擎，减少使用非必要服务器数量。

引入多维度风控引擎，提升系统风控处理的负载能力

为更好地提升系统风控处理的负载能力，系统采用“纵向+横向”的风控负载扩展机制。纵向扩展指开展单一风控引擎中纵向扩展多项风控指标，节省业务初期硬件资源；横向扩展指横向扩展风控引擎，并在不同风控引擎中加载不同风控指标，满足多业务场景下的风控高负载能力。

引入“插件化”指标开发模式，提升指标扩展效率

插件化风控指标开发方式，风控指标与风控系统采取解耦的设计理念，支持用户自主开发风控指标，并加载至指定的风控引擎，快速应用。

风控引擎内部元件化开发，所有风控指标所需的数据均由元件统计并提供，用户可以根据所需指标进行选配。目前联合风控元件提供的功能较全，可实现多维度统计，大大提升了用户体验。方便配置、灵活控制是根网联合风控的一大特色。如针对虚假申报异常交易，可根据其中多种指标进行判断，用户可依据所需控制的指标进行灵活应对。

根网科技联合风控系统从券商的实际业务场景出发，在对监管政策精准理解的前提下实现了事前控制、灵活控制、精准控制，可以帮助券商有效避免风控触发，从而营造更好的经营环境。目前近20家券商机构上线投产联合风控系统。

证券数字化转型中的五大领域十六大业务的转型措施

底层技术的涵盖范围很广，如何将合适的底层技术应用到合适的业务领域是关键问题。联合风控系统引入三大技术提升业务性能，“对症下药”。而证券业务中的五大领域十六大业务里，有哪些底层技术能够与之匹配？金融科技该如何赋能证券业务，推动证券数字化转型？

在证券经纪业务方面，金融科技有利于提升证券经纪业务数字化、智慧化运行服务水平，降低客户获取和客户服务的成本。在投行业务方面，金融科技有助于提升投行业务对潜在机会的捕捉，通过增强专业数据分析能力和动态督导能力，提升业务专业水平和工作效率。在机构业务方面，随着国内机构投资者的快速发展，机构业务内涵也从传统的经纪通道向一站式主经纪商服务发展。在投资和资管业务方面，未来可应用个性化财富管理、智能投资、自营投研等技术，有助于提升投资和资管业务水平。在运营管理方面，结合金融科技，整体提升证券经营机构的数字化运营能力。[1] 详见表3-2。

表3-2 证券各领域数字化转型措施

领域	方面	转型措施
证券经纪业务	客户营销	以身份信息、消费数据等多层次数据为基础，基于客户的风险偏好、收益偏好，采用响应预估及最优补贴模型，可以有针对性地触达不同的需求，降低获客成本
	投顾服务	依靠人工智能和大数据分析，为更广泛的客户提供更高效灵活的资产配置服务
证券经纪业务	客户服务	智能客服有效分担了人工客服的压力，并具有应答速度快、准确率高和合规高效等特点，在应用过程中获得了证券经营机构与客户的认可
	网点建设	以“科技+服务”加速证券业网点转型，发挥生物识别、远程视频柜员机（VTM）等前沿科技作用，逐步实现服务网点标准化、轻型化和虚拟化
投行业务	机会挖掘	利用网络爬虫等技术对海量的工商、监管、投融资、新闻资讯等各方面信息进行整合处理，实现对资本市场产业链相关客户的挖掘，带动投行综合化联动营销
	提升业务办理效率	通过基于深度学习和自然语言处理的“文档审核”“文档自动生成”及机器人流程自动化（RPA）等技术，实现业务活动数字化、电子化和自动化
	业务督导和服务	运用基于行业分析、产业链图谱、上市公司问题发现、智能舆情监控等方面的大数据技术，实现相关企业的全方位风险评估和目标定价，实现投行业务事后监督和管理

① 资料来源：何如. 发挥金融科技价值 打造证券业高质量发展核心动力［N］. 中国证券报，2019（6）.

续表

领域	方面	转型措施
机构业务	募集销售	通过人脸识别、云计算等技术，自动进行投资者的适当性评估和风险动态匹配；运用区块链、加密安全算法，系统化保存签约记录，保障募集过程合规化，提升募集效率
	投资交易	随着投资品种的不断丰富，机构投资能力的差异将体现为其对金融信息和数据的获取及处理能力上；证券经营机构可构建金融大数据中心，提升数据接收及处理的深度、广度，提供交易策略的分析和优化建议
	运营管理	建立智能化运营平台，整合多经纪商、多终端、多品种的交易数据，结合机器学习、金融工程模型，分析大类资产配置、投资运作情况，辅助投后管理
投资和资管业务	投资标的调研阶段	借助舆情监控、大数据经济指数等，获取更广、更深的信息
	投资标的筛选阶段	利用研报自动化解读、企业经营性数据预测等手段，形成差异化投资因子
	投资组合建立阶段	利用人工智能技术提升决策能力
	组合运行风控阶段	利用结合情景分析的智能配置从宏观和市场情绪角度发掘多资产关联关系，完成智能配置及调仓
运营管理	运营	数字化运营支持跨部门的业务能力和客户服务整合，实现以客户为中心，以及整体业务价值的最大化；支持跨业务条线的运营统筹，结合机器人流程自动化的应用，实现公司级运营管理整体化、高效化和智能化
	合规风控	依托金融科技，证券经营机构的全面风险管理将实现质的提高。证券经营机构在开展市场风险管理、信用风险管理、反欺诈、反洗钱、征信、客户身份识别、客户关联关系挖掘等工作的过程中，智能化和大数据技术也将发挥核心作用

第四章

第三方支付：B端支付的赋能战略

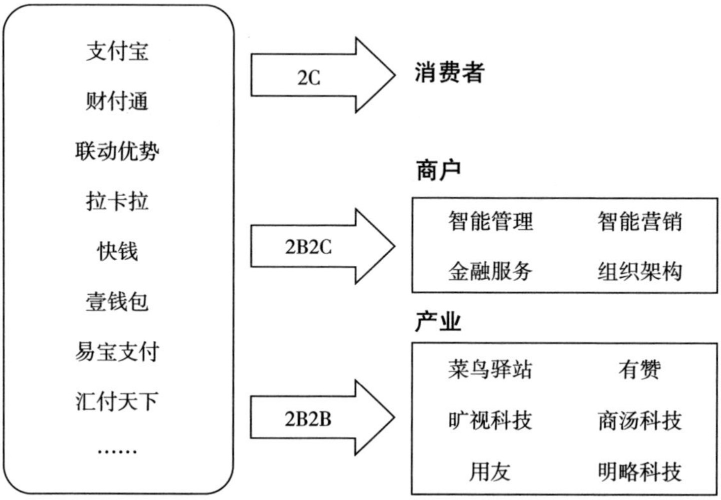
支付宝
财付通
联动优势
拉卡拉
快钱
壹钱包
易宝支付
汇付天下
……
2C
消费者
2B2C
商户
智能管理
智能营销
金融服务
组织架构
2B2B
产业
菜鸟驿站
有赞
旷视科技
商汤科技
用友
明略科技

第三方支付产业生态图

随着新技术的发展和应用，从单一的支付服务向全产业链的数字化升级服务转型，已经成为产业支付市场的必然发展方向。根据支付业务发展路径以及支付业务模式的不同，可将第三方支付的参与者分为2C（面向普通用户）和2B（面向企业用户）两类参与者，其中2B又可细分为2B2C和2B2B两类。C端支付巨头依靠自身App的流量优势，在前期通过补贴的形式逐渐培养起C端扫码支付的习惯，二维码支付的普及也帮助C端支付巨头链接到了数千万的“码商”。[①] 当前，C端支付格局基本稳定，支付宝和财付通稳占90%以上的市场份额，行业地位难以撼动。在市场格局、科技环境和盈利驱动的三方因素影响下，其他支付机构纷纷换道谋生，发力B端市场。联动优势从供应链入手，建立了一套B端支付的赋能“心法”。接下来，我们以联动优势为例，发掘第三方支付行业的新趋势。

① 资料来源：《2020年中国第三方支付行业典型案例研究》，艾瑞咨询于2020年4月发布。

助力产业数字化转型升级——联动优势

从 2010 年开始，中国的支付行业进入快速发展期，领先全球。现在，互联网作为手段，已与人们的日常生活和工作深度融合，支付创新的重点由 C 端转向 B 端，经济活动走向全面数字化，渗透到各种生产力要素中，生产关系被重构。B 端支付的深层原因，是整个社会数字化发展的趋势。

2017 年，“数字经济”正式被写入党的十九大报告。2018 年 3 月，政府工作报告提出“发展壮大新动能”“为数字中国建设加油助力”。政府对于数字经济的定位不只局限于新兴产业层面，而是将之提升为驱动传统产业升级的国家战略。

在数字化环境下，企业处于纵横交错的网络关系中，面对分散的网络节点，整合多方资源的平台型产业组织应运而生。企业价值创造模式由传统线性向链条式、网络化转变，使得传统企业之间的竞合方式趋于生态化、平台化。

企业价值创造模式的转换，要求企业对内可以使用新技术提升生产经营效率，对外可以通过网络化重塑价值链，延伸企业的服务半径，重新优化产业链效率，改变企业利润分配规则。

而在上述背景下，企业需要对传统的基于线下转账的交易模式进行升级。联动优势作为国内知名的第三方支付公司，在 2017 年就开始从企业数字化升级的视角出发，通过提供收付款、资金处理、交易管理、供应链服务、财务人效提升、企业金融服务等产品功能，推出了为企业服务的下一代交易工具——“海金链”产业互联网解决方案（见图4－1）。该方案可以为各类型产业互联网平台提供一站式“全场景支付＋资金管理IT系统＋供应链金融”服务，满足企业交易数字化的需求，助力企业完成数字化变革，并推动整个产业的转型升级。

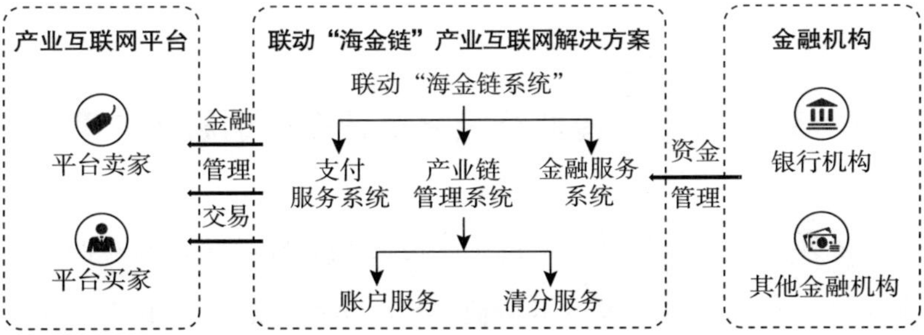

图4－1　联动优势“海金链”产业互联网解决方案

产业互联网平台核心业务需求

随着我国经济由高速增长阶段转向高质量发展阶段，传统产业面临着产能过剩、流通环节多、盈利能力弱等现实问题，传统的产业结构和生产经营模式已难以适应新时代经济发展的需求。

随着数字化的深入，一些产业互联网平台型企业应运而生。一方面，通过互联网对传统产业链进行整合优化，通过信息连通、供需匹配，打通供销通道，建立新模式下的产业价值网络连接；另一方面，以共享经济模式汇聚产业服务资源，对产业链上下游企业进行技术、金融等赋能，带动产业链整体的转型升级。

但在落地过程中，产业互联网存在交易场景复杂、与企业原有业务系统耦合紧密，产业链中企业数字化、金融服务难等痛点。同时，产业互联网需要更多的产品和服务以提升产业链的经营效率，比如供应链金融服务、票据服务等，这要求底层形成一个完整的支付、账户、金融及衍生服务平台。因此，产业互联网平台对支付及金融服务便有了巨大的需求。

产业互联网数字化转型升级需要什么样的解决方案

多样化的收款场景：支持个人电脑端、移动端、面对面全场景支付，支持扫码、银行卡快捷、POS（销售点）机刷卡、对公等多种支付方式，满足产业互联网复杂的支付需求。

账户体系与资金管理：商户快速线上入网，基于账户体系实现平台资金与交易资金分离，资金管理安全，提供回单服务，贸易本质财税合一。

多样性的交易：满足产业链、供应链对交易的复杂需求，赋能平台标准交易、担保交易、多批次交易以及定制交易类型。

复杂的资金清分：支持产业链涉及多方结算、多层级分账清分、实时清分、账单清分需求，提升整体产业链运营效率。

金融服务需求：打通产业链的上下游交付过程，为产业链上下游客户提供融资服务。

产业链整合：为产业链上各企业赋能，提高整个产业链的运作效能，全面提升平台行业竞争力。

通过上述服务，产业互联网可以快速通过云服务建立综合的服务能力，加快企业业务迁移升级的速度。目前，联动优势“海金链”产业互联网综合解决方案已经在多个不同的行业和场景中得到广泛应用（见图4-2）。

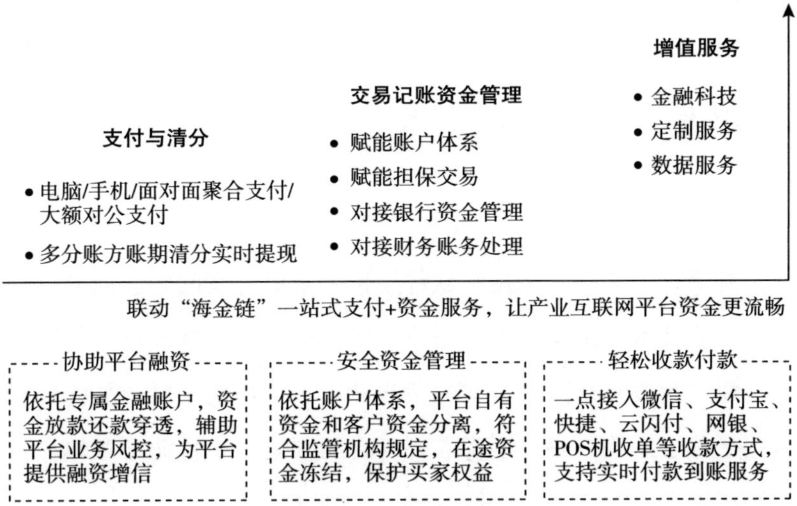

图4-2 平台三层服务

支付层主要完成全场景支付的接入。由于支付模式（线上线下、对公对私）和支付条件（手机、电脑和传统银行卡等）的巨大差异，支付层需要完成大量的工作才能保证产业互联网平台顺畅运行。通过支付层，提供给客户一个统一的界面，可以降低客户的接入难度。

交易层主要为产业互联网进行服务。产业互联网的交易需求可以分为电商交易类、供应链管理类、金融服务类3类。交易层根据行业特点，需要构建不同的交易模型及交易支持体系，包括交易支持、交易管理、交易风控。通过交易层，产业互联网企业可以顺利地开展、移植现有业务，帮助企业业务落地。

金融科技服务层帮助产业互联网进行金融系统对接。“海金链”可以独立地提供交易数据验证、客户识别、资金管控，助力金融系统实现业务风控，降低金融业务落地的难度。

B 端支付需要什么样的技术框架

B 端支付在实现上，往往有交易复杂、交易压力大等业务特点，需要合适的技术架构和软件架构来解决这些问题。同时，一个良好的技术框架有强大的用户社区支撑，可以帮开发人员减轻重新建立解决复杂问题方案的负担和精力。B 端支付产品的各类应用是分层结构，每一层都需要各自的框架，能将业务逻辑、持久性逻辑和 UI（用户层面）组件很好地耦合（见图 4－3）。

合适的技术架构

1. 技术要点

要实现的技术要点有：

- 用 MyBatis 把 SQL（结构化查询语言）从代码中分离，实现查询。
- 用 Spring 实现业务层的解耦。

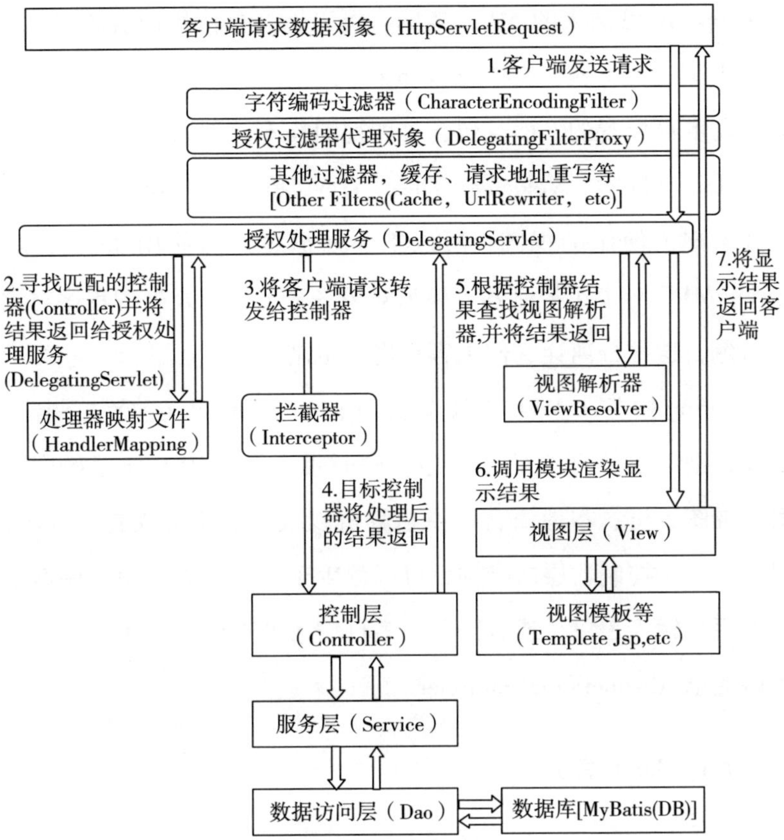

图 4 –3　技术架构

- 用 Spring 实现事务的控制。
- 用 Spring Cloud 实现一系列框架的有序集合功能。
- 用领域驱动设计（DDD）。

2. Spring MVC 框架

Spring 框架提供了构建 Web 应用程序的全功能 MVC 模块。

使用 Spring 可插入的 MVC 架构，可以选择是使用内置的 Spring Web 框架还是 Struts 这样的 Web 框架。通过策略接口，Spring 框架是高度可配置的，而且包含多种视图技术，例如 JavaServer Pages（JSP）技术、Velocity、Tiles、iText 和 POI。Spring MVC 框架并不知道使用的视图，所以不会强迫客户只使用 JSP 技术。Spring MVC 分离了控制器、模型对象、分派器以及处理程序对象的角色，这种分离让它们更容易进行定制。

Spring 的 Web MVC 框架围绕 DispatcherServlet（前置控制器）设计，把请求分派给处理程序，同时带有可配置的处理程序映射、视图解析、本地语言、主题解析以及上载文件支持。Spring 提供了一个控制器层次结构，可以派生子类。如果应用程序需要处理用户输入表单，或者需要把多页输入处理到一个表单，那么可以继承 AbstractFormController。

3. Spring Cloud 框架

Spring Cloud 是一系列框架的集合。它利用 Spring Boot 巧妙地简化了分布式系统基础设施的开发，如服务发现注册、配置中心、消息总线、负载均衡、断路器、数据监控等，都可以用 Spring Boot 的开发风格做到一键启动和部署。Spring Cloud 将目前各家公司开发得比较成熟、经得起实践考验的服务框架组合起来，通过 Spring Boot 风格进行再封装，屏蔽了复杂的配置和实现原理，最终给开发者留出了一套简单易懂、易部署和易维护的分布式系统开发工具包。

4. MyBatis 框架

MyBatis 是一个可以自定义 SQL、存储过程和高级映射的持久层框架，摒除了大部分的 JDBC 代码、手工设置参数和结果集重获。MyBatis 只使用简单的 XML（可扩展标注语言）和注解来配置和映射基本数据类型、Map 接口和 POJO 到数据库记录。相对 Hibernate 和 Apache OJB 等“一站式”ORM（对象关系映射）解决方案而言，MyBatis 是一种“半自动化”的 ORM 实现。

5. 领域驱动设计

领域驱动设计分为两个阶段：第一阶段以一种领域专家、设计人员、开发人员都能理解的通用语言作为相互交流的工具，在交流的过程中发现领域概念，然后将这些概念设计成一个领域模型；第二阶段由领域模型驱动软件设计，用代码来实现该领域模型。领域驱动设计的核心是建立正确的领域模型。

合适的软件结构

1. 应用系统

应用系统及功能参见表 4 - 1。

2. 应用结构

应用结构参见图 4 - 4。

表 4－1　各类应用系统及内容功能

各类应用系统	内容功能
业务运营中心	产业互联网平台在线下进行签约审核后，在本平台建立商户和开立账户，从而可以与云平台进行业务交互
	平台开户时可以配置不同的产品，本期主要实现支付产品的配置
	平台中的商户（对公和对私）均可以通过 API 来进行实名认证和签约，从而开立会员账户
基础服务	提供对公和对私实名认证需要的基础服务能力
	提供交易分账需要的基础服务能力
支付服务中心	搭建一套支持接入多个支付通道的支付路由结构
	提供移动支付服务，网银支付、银行卡代扣服务
	支付交易流水对账
资金存管中心	搭建支持接入多家资金存管方的基础架构
	建立会员钱包账户服务体系
	满足基于会员钱包账户的业务交易（充值、支付、退款、提现）
业务交易中心	搭建独立于会员账户支付的业务交易服务能力，可以根据电商平台需求进行交易能力定制服务
	支持会员钱包充值、会员钱包提现、会员钱包余额查询、会员钱包交易明细查询、订单支付（余额、银行账户）、订单退款、订单状态查询

通过创新解决 B 端支付的难题

创新渠道管理模式破解传统销售难题

传统的电商平台往往以去中间层、渠道扁平化为主要方向来

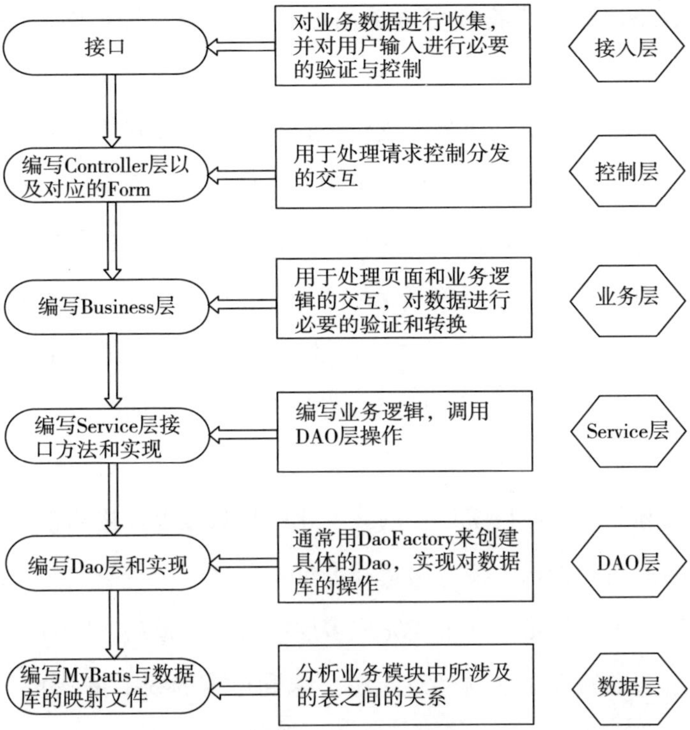

图 4 –4　应用结构

降低服务成本，招揽厂商入驻，直接面向终端客户供货。而大中型传统消费品牌更依赖多层级渠道来实现产品的品牌建立、货品分销、售后和客户维护，例如汽车、白酒、日化等。因此传统电商平台的解决方案无法彻底解决多层渠道的服务问题。

联动优势根据市场的特点和需求打造了一个可实现多级分销的行业解决方案。以常见的三级分销为例：一级代理商登陆平台后对厂家发起订货采购请求；二级代理商对一级代理商发起交易请求；终端门店对二级代理商发起零售补货请求。每个环节彼此之间脉络清晰，货物和资金单向流动。多层级支付渠道通过分级，使得不同的层级对应不同的销售模式：货物数量、单价、物流仓储都有着对应的流程。支付公司在最初的支付层级就引入了基本的用户细分和风险建模：可为各级代理商的交易金额购进预设阈值（如某行业客户底层经销商不超过 5 万元，二级经销商为 20 万 ~50 万元），一旦单笔交易超过预设阈值，就立即通知平台引入人工核实。核实无误之后，及时调高业务限额满足客户需求，同时在后续按照相关规定对监管机构进行说明汇报。

对厂家来说，渠道管理的重要性在某种程度上超过短时间的销售额和盈利，而传统渠道的线上化则从数据上严格约束了每笔订单的流向和价格，使得串货和低价竞争这两个传统销售中的难题得以解决。但是，在搭建完成多层级支付渠道后，随着大量传统渠道商户的入驻（需经过上游厂家和渠道的线下审核），短时间内就能迅速搭建起一张张完善的销售和供货网络，有效地监控到了体系的资金和货物流向，并且可以监控到终端的具体出货网点。除此以外，联动优势积极加强和供应链平台及各级代理商的互动，通过建立日常联系走访机制，加强对代理商的统一培训等方式，不断改善业务场景，优化客户体验，致力保障平台业务顺利开展。

创新支付模式破解支付效率难题

由于支付牌照和监管机构、清算机构的不同，对于传统的支付机构，线上线下是两个彼此独立的场景，因此存在线上和线下两套风控和业务体系，导致同一个客户签署两份协议，走两次商务和技术流程，后续每天需要对账两次，结算两次。而这一切，都会极大降低客户感知度，降低业务效率，增加了技术和财务上的麻烦。

联动优势采用项目组的形式，整合了自身线上支付、收单业务、风控、技术、法律、财务、运营等各部门的精兵强将，结合供应链平台业务进行项目规划，在保障业务风险的前提下，不断研究、设计、开发、测试，最终根据实际业务需求创造出一套前后端分离、中间层融合、整合账户、完善监管的业务体系。

每一层级的互联网客户都可以轻松通过高效便捷的线上通道完成支付。而对于更多习惯依赖于大额现金交易的客户，则是通过线下工作人员的引导和培训，使得代理商们逐渐告别对大额现金的依赖，通过 POS 机刷卡完成交易，完成从现金到电子银行的转变，减少交易中不必要的风险。由于目前还广泛存在着先付订单，货到付尾款的场景，因此联动优势还推出了线上订金 + 线下刷卡的组合支付，且前后交易周期跨度大，订单可随时调整。在大额交易的过程中，联动优势根据供应链平台的业务模式及日常经营情况，设置了相应的风控限额限次，并通过后台实时监控，实时发现交易风险，确保风险交易被及时侦测和处理。同时，会实时从供应链平台提取代理商身份信息进行比对，确保是本人本卡交易。

新风控系统破解反欺诈难题

联动优势自主研发新风控系统，建立实时反欺诈平台。新风控系统具备强大的事中风控拦截能力，核心引擎平均响应耗时控制在 5 毫秒以内；新风控系统具有强大的数据采集能力，通过对大数据的流式计算，集群环境下吞吐量可达百万级别；新风控系统具有可视化的规则配置以及全面的风控规则和模型，具备全行业 500 + 规则储备，使业务人员可快速对规则进行配置上线，迅速防止欺诈交易。

风控系统由规则管理平台、风控引擎、缓存模块、预处理模块、消息队列、风控数据库、客户端数据库和消息消费模块组成。各模块有效运转，在整体交易中未出现一起因盗卡、欺诈交易引起的业务投诉（见图 4 –5）。

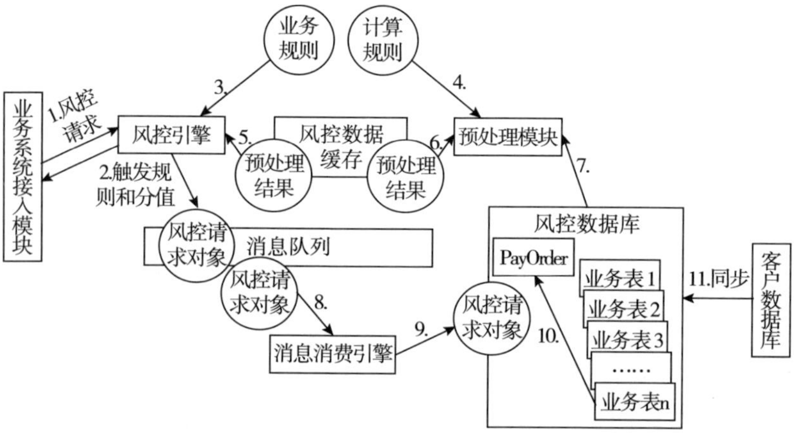

图 4 –5　规则管理平台

同时，联动优势通过自身的后台处理，根据前台业务的具体形态和用户选择，把平台方传来的每一笔订单传输到不同的支付接口（线上或是线下）。交易完成后，回传支付结果的同时，在系统内部根据层级和交易对象进行汇总，最终确保每天呈现给平台方完整统一的报表。

这一系统的上线，跨越了之前市场上现存的支付清结算业务产品单一线上或是线下的业务模式，实现了跨越 POS 机、移动端、电脑端多渠道多平台的综合支付能力，为后续对综合类商户的服务奠定了业务基础。

创新服务模式破解精准服务难题

在渠道服务方面，联动优势积极和供应链平台及渠道服务商沟通，不断完善优化产品。首先是针对各级渠道商精确的订单信息和交易流水，结合供应链平台的入驻审核和线下门店仓库实地调研。联动优势在 2016 年的北京市科博会上，推出了“惠 POS”产品，该产品除了具备传统的 POS 机收单功能外，还包含了 NFC（近场通信）、苹果支付、支付宝、微信、中国移动手机支付电子券等多种功能，同步支持基于线上的相关支付产品，实现了聚合支付能力，并且具备进销存管理、补货下单、查看仓储等多种功能。

该产品后续广泛应用于某供应链平台线下的几万家终端门店渠道，为门店提供基于多种营业场景的支付产品服务。各门店在使用“惠 POS”对终端消费者进行销售的同时，系统会自动记录销售数据，并在达到预设值后提醒店主向上游发起订购请求，预先通知上游服务商进行货品储备。随后相关数据汇总到该供应链平台的大数据系统中，实现对整个行业生产、消费、物流等的数据分析和应用。

2017 年，该平台引入“海金链”系统，前端通过“惠 POS”进行门店收款，后端使用“海金链”系统对资金进行清分。在获取到具体的消费行为和上下游供应链数据后，联动优势通过大数据等技术对终端服务商提供基于交易流水的低息贷款和销售策略指引，从而实现对上游厂家和渠道服务商以及终端销售商更精确高效的货物资金流转和销售指引服务。

通过以上服务措施，该供应链平台上线一年内，业务迅速扩展到 18 个省份，遍布 500 多家各级渠道商，总流水近百亿元，覆盖线下终端网点 10 万个以上，关联终端子品牌超过 300 个。后续，联动优势和该平台的业务合作也随之进行了升级，积极针对旗下各个子公司的具体情况分别开展业务。截至目前，联动优势已经先后和旗下的 12 家公司签署了涉及收单、分润、渠道管理在内的多个合作协议，共同打造中国最大的产业平台。

联动优势“海金链”产业互联网综合解决方案推出后，在多个行业取得丰硕成果。在中国企业复杂的交易环节背景下，联动优势将持续优化，帮助产业互联网拓展各种实际应用场景，同时，提升金融服务能力，逐渐完善不同金融场景下的供应链金融解决方案。未来，联动优势将着眼于产业互联网的本质，为产业互联网平台的发展提供体系化的支撑能力，通过数字化和企业化的服务，提升平台运营效率，助力产业互联网高速发展。

B 端支付的机会在哪里

在未来的较长一段时间内，第三方支付的竞争突破口在“B 端 + 线下市场”。第三方支付的线上市场发展主要依赖于流量和平台资源，以支付宝、财付通为主要代表的第三方支付平台已经形成寡头格局，C 端转移成本极高。除非有全新商业平台的出现，否则整个格局在很长一段时间内很难撼动。因此，对于新型第三方支付企业来说，要在竞争中突围，可选项基本剩下两个：一个是线下场景，另一个是 B 端。B 端市场客户在选择合作支付企业时，除了对便捷性及手续费率的考虑外，更加关心的是交易的安全性和私密性，以及对于不同应用场景的定制化服务。目前来看，没有任何一家企业能够完全满足 B 端客户的如上要求。因此，新型第三方支付企业应以此为突破口，以定制化服务为核心，重点加强应用场景创新，在此基础上向产业链上下游延伸，对接更多的应用场景，形成业务拓展的正向循环。

重点关注海外市场和跨境支付。“B 端 + 线下市场”固然是未来发展的突破口，但是除此之外，海外市场也是一块巨大的“增量蛋糕”。随着中国经济的高速发展，我国选择出境旅游的人数近年来屡创新高，且具有较强的消费能力。他们在国内已经习惯于“出门不带现金”的生活方式，自然对海外第三方支付平台的构建有着较大的心理诉求，这也成为众多第三方企业积极发展海外支付业务的重要推动力。第三方支付机构可以与海外商家合作，积极推动线下支付业务的普及，巨大的市场潜力为众多中小机构带来了较大发展空间。虽然新冠疫情对国人海外出游形成了较大冲击，但是疫情使得全球化的趋势更加明朗。因此，由国人"出国看世界"推动的第三方支付海外发展会迎来新高峰。伴随着"一带一路"倡议的快速推进，跨境业务的往来将会日益频繁，跨境支付在未来一段时间有望保持高速发展，此外，跨境电商的快速发展也为跨境支付的发展提供了契机。诸多第三方机构应紧随时代潮流，及时投入海外业务部署，从而快速建立竞争优势，获得更大的发展潜力和利润空间。我国的第三方支付业务已经经受了十几亿人十多年的锻造，无论在商业模式、技术应用，还是信息安全等方面都形成了自己的打法。根据"时间机器理论"[①]，我国新型第三方支付企业完全可以直接从海外市场入手，"出口转内销"，形成完全不同的商业护城河。尽管国外也有诸如 PayPal 等强大的第三方支付公司，但是，本土企业可以发挥场景化优势，利用技术迭代应用和商业模式创新，走出一条不同的发展路线。

---

① 时间机器理论由孙正义提出，是指各个国家的发展水平不同，因此可以先在发达市场开展业务，然后等待时机成熟后到相对不发达的国家扩展业务。例如孙正义先到美国发展互联网业务，几年后到中国发展相同的业务，这个时候，孙正义就像是坐上了时间机器，来到了几年前的美国。

对第三方支付企业的业务安全性要求更加严格。我国第三方支付兴起较晚，但发展非常迅速，导致目前的法律法规没有完全跟上行业发展步伐，存在一定的滞后性。准入制度、资格审核都存在一定的问题。第三方支付往往涉及多个场景和领域，监管难度很大。但是，近年来我国正在不断加强对第三方支付法律法规的制定。在严监管的大背景下，第三方支付在“灰色地带”游离的情景已经不复存在。新冠疫情的爆发对金融科技的一个巨大影响是安全发展被摆在了一个更为突出的战略位置，金融科技监管和标准化工作进程加快。因此，未来第三方支付的新进入者自诞生之日起就必须是完备的风险应对者。在安全方面，“摸着石头过河”的思路走不通，只有“靠着技术发展”这一条路。结合前面提到的“B端+线下市场”和跨境支付，未来第三方支付的创新创业者应该走的路径是：以“B端+线下市场”为业务核心原点，抓住跨境支付红利，不断提升自身的技术影响力，参与第三方支付标准的制定，为行业合规监管做贡献。

第五章

供应链金融：产业与金融融合发展的落脚点

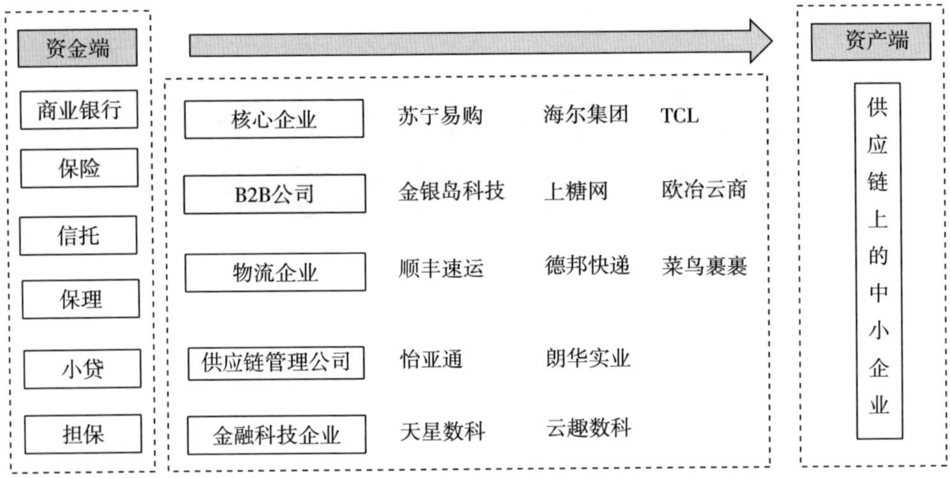
资金端
商业银行
保险
信托
保理
小贷
担保
核心企业
苏宁易购
海尔集团
TCL
B2B公司
金银岛科技
上糖网
欧冶云商
物流企业
顺丰速运
德邦快递
菜鸟裹裹
供应链管理公司
怡亚通
朗华实业
金融科技企业
天星数科
云趣数科
资产端
供应链上的中小企业

供应链金融产业生态图

按照信用来源分类，中国供应链金融业务的形态主要有应收账款融资、库存融资、预付款融资和信用融资，其中，只有信用融资没有抵质押物，即供应链中小微企业通过核心企业的担保完成银行信贷，或者通过分析供应链中小微企业历史交易信息进行风险分析后的融资服务。在信用融资模式下，目前供应链金融面临的一个关键问题是现时信任，即在短时期之内如何建立基于供应链业务关系的信任。新技术尤其是区块链技术在供应链金融中的应用，能够为解决信任尤其是现实信任问题提供很好的思路，赋能供应链金融从人际信任走向数字信任。接下来，我们以云趣数科和天星数科为例，介绍新技术尤其是区块链技术如何解决供应链金融业务中的信任问题，加强供应链各方主体的信任连接。

直面数字身份认证痛点，打造产业金融云服务——云趣数科

以分布式数字身份认证构建供应链可信网络

当下，一个以国内循环为主、国际国内互促的双循环发展的新格局正在形成。新一轮科技革命和数字化生产推动产业升级，促进中国内循环的发展。随着信息技术的创新实践，科技驱动的经济发展模式将吸引更多关注至产融互联网生态的打造，进一步拓宽产业金融市场需求。双循环格局下的供应链金融发展对企业和以银行为代表的金融机构提出了更高的产业升级要求。

供应链上企业间的交易和协作，本质是价值的交换，这也就导致了信息流、资金流、物流和商流在上下游间流动。其中信息的可靠、可信和可用对供应链上的企业具有至关重要的价值意义。在金融领域，传统的信用建立是依靠央行、商业银行等“中心”来建立的，但这些中心系统无法渗透到产业的细微角落，众多小微企业依然拿不到贷款。而依靠大公司大数据产生“信用”则存在如数据孤岛、数据所有权错配等多种问题。因此现阶段我们一方面要解决大数据的共享问题，避免出现数据孤岛；另一方面又要能够明晰数据所有权的归属问题，建立起“信任”的链接。

区块链的根本特征是多中心化建立可信任连接，同时其不可篡改的特性，赋予其承担起价值互联网构建的重任。这种模型解决了供应链上企业间信息不对称、复杂场景下多方协作和互信的

问题，使区块链金融的作用得到最大程度的释放，区块链 + 供应链金融发展将全面提速。以场景驱动、产融结合为目标，拓展在产业链、贸易金融全流程、跨场景的综合创新应用，打造产融价值互联网新基建，构建供应链金融创新商业模式将成为必然趋势。

目前，供应链金融存在以下痛点：一是信息孤岛，核心企业为保护数据隐私与安全将数据单边化、私有化、封闭化；二是数据真实性验证难，企业贸易背景的真实性和确权合法性难以确认，使得中小微企业融资难融资贵；三是监管难，金融合规性管理缺乏抓手，且司法机构、仲裁机构、审计机构取证成本高昂、流程冗长。因此，建立数字身份认证体系成为打通各环节的关键。

随着互联网技术的快速发展，数字身份也逐渐演变成为复杂的体系，征信及监管中企业身份是一个必须解决的环节，需要一套处理认证和访问控制的业务系统。身份是一种标识，也是一种共识，数字身份是在数字世界中代表主体的一组特定的数字序列，连接物理世界的自我和数字世界的自我。然而由于互联网技术的不断成熟，各式供应链金融应用系统层出不穷，企业数字身份被不断分化，被迫在不同的应用系统中使用不同的身份。且在互联网设计之初，没有建立标准的、明确的用户身份识别或组织方式，互联网应用服务商往往通过创建基于用户名口令的本地账户解决用户身份管理问题，这种基于账户的身份管理方式逐渐显露出以下弊端。

第一，企业身份需多重建立，效率低下。在这种中心化的账户管理方式下，各个企业需在不同应用、不同平台、不同银行之间反复输入提交认证材料，此过程烦琐复杂，出现大量无效工作量，效率低下。

第二，形成信息孤岛，无法穿透式监管。由于各个供应链金融平台的数据单边化、私有化、封闭化，使得每个应用体系之间互不认同，存在封闭严重、无法打通的现象。在生态间控制、更新和维护这些信息，只能基于逐个展开、重复管理，无法统一的在一个平台上看到所有场景中的数据，进而无法进行穿透式监管。

第三，数据交互的价值无法体验，用户及银行无法进行账户共享。在这种中心化模式下，企业没有自己完整的数字身份，信息因应用和认证方的限制成为分散在不同组织中的碎片，一个个的信息孤岛导致数据无法进行交互，致使企业与企业间、企业与银行间、银行与银行间的账户等信息无法进行共享。数字身份本该归企业所有，但是实际应用场景中被应用系统所控制，数字身份的使用范围被严格限制。

第四，企业征信无法得到聚合。在不同的供应链金融平台中，企业征信的业务数据分散于不同系统中，不存在穿透式的全貌路径，使得企业虽然在各个平台中信用良好，但由于没有全面的资产画像，对于金融机构来说无法对其产生信任并给予征信，进而导致中小微企业融资难融资贵的根本问题没有得到解决。

第五，身份数据隐私与安全无法保障，监管难度高。当前数字身份的信息散落在各个身份认证者手中，有些服务方可能在未获用户授权的情况下对这些数据进行收集、存储、传输、买卖，这实际上是对于用户隐私信息的严重侵犯。并且这些信息监管难度大，无法对所有涉及的角色进行逐一监督，且成本较高。

数字时代在不断地向大众生活进行全面渗透，面对以上以中心化服务为特征、各应用之间互为孤岛、企业身份有赖于不同系统注册认证服务提供的传统互联网发展模式，可通过区块链技术，为企业数字身份创建解决方案，对企业数字身份进行管控。

区块链技术作为供应链金融乃至供应链管理场景中的基础设施链，帮助现实世界实体企业、商业银行、非银金融机构建立起数字虚拟世界的身份认证入口，解决身份信息割裂、多平台身份穿透管理等问题。以区块链技术和企业数字身份融合为基础，利用区块链不可篡改、可追溯的特性打造数字身份基础设施，推动企业在不同应用系统之间数字身份的互通，为各类应用系统提供有等级、分布式、防篡改、防抵赖、抗攻击、抗勾结、高容错、安全高效、保护隐私的可信身份认证服务，建立一个多中心化的身份联盟。联盟中的企业用户既可以是身份服务的使用方，也可以是身份服务的提供方，企业对服务的信任不再是基于中心化的系统，而是各个企业对技术以及企业间沉淀的利益协作关系的信任，让机构间形成整体，打破信息孤岛，建立可信的社会基础设施，其价值意义大体可分为以下三大方面。

首先，可进行分布式的系统认证，解决不信任问题。针对传统 PKI（公钥基础设施）系统中 CA（电子认证服务）的中心化签发所引发的如中心失效、网络安全等问题，让以往由集中式 CA 认证中心签发数字证书可以由区块链的分布式账本实现。以此形成 CA 之间的区块链，使得 CA 之间不必相互信任，以共识的方式完成数字证书的签发和管理，并且区块链的记账和维护可以由系统中的所有证书持有者来共同完成。

其次，可形成跨平台的安全身份授权，打破信息孤岛。在统一身份标识无法快速实现和成熟的背景下，可以部署区块链的分布式账本，让身份共享和授权更加安全。其核心思想是通过联盟链的形式来彼此鉴权和认可对方的登录请求，并授权访问对应的用户数据，形成可信安全的身份信息互通体系，以此打破企业及金融机构间的信息孤岛，形成穿透式监管，为国家信息管控提供隐私保护策略及技术手段。

最后，通过提供可信身份，便利企业在金融机构间征信。区块链能够利用其链上信息真实可信、不可篡改等特点，为人们提供低门槛的可信身份。可以利用区块链形成用户不可篡改的行为记录，与其身份绑定，增强其身份特性和可信行为特性，使企业画像得到聚合，便利企业在金融机构间征信，获得更多融资机会。

基于以上特性，以区块链技术为前提的分布式数字身份是构建可信网络的基础，也是国家网络安全战略的基石，以其打造企业数字身份带来的征信及监管支撑，对布局相关生态和应用的发展具有重要意义。

三链结合打造区块链产业金融云

为推动产融数字经济发展，引领产融价值互联网生态建设，云趣数科针对普遍痛点打造了全新的区块链产业金融云服务。云趣数科区块链产业金融云致力于以区块链技术为基础，为企业、金融机构构建安全可信的开放应用服务生态。云趣数科区块链产业金融云针对供应链金融市场上存在的信息孤岛、数据壁垒、信任无法有效传递等痛点，通过区块链技术构建可信、可共享、可交换的分布式存储基础设施，打造多中心、统一的数字身份标识，以及银行金融机构间可信高效的系统直联与数据交互联盟链，实现企业－平台－金融机构产融生态圈合作共赢模式下的价值互联网新基建。

为搭建这种新型的区块链产业金融云，云趣数科通过“银义链”、“信义链”及“存义链”三链结合的模式直面痛点，为客户提供更加高效的服务。

银义链

基于区块链技术的银行金融机构信息交互联盟链解决方案，实现供应链金融平台与银行间可信高效的系统直联与数据交互，将银行金融机构业务的智能合约标准化、通用化，以灵活应对多样化的业务场景对智能合约的需求。

信义链

基于区块链技术的企业数字身份解决方案，作为供应链金融乃至供应链管理场景中的基础设施链，帮助现实世界中的实体企业、商业银行、非银金融机构建立起数字虚拟世界的身份认证入口，解决身份信息割裂、多平台身份穿透管理等问题。

存义链

基于区块链技术的产融数据存证解决方案，以低成本建立可信安全的产融数据分布式存储及协作模式为目标，为不同商业场景及业务生态提供分布式存储基础设施。

银义链、信义链、存义链三链在技术上既有共性也有特性。共性体现在为解决链上数据安全性的问题，三链采用 ReCreation（重新创世，已申请专利）的方式使链上数据以密文的方式进行授权、流转和计算。ReCreation 搭配智能合约，通过区块链账户进行访问控制，可最终实现链上数据的存储权、所有权、查询权三权分立（见图 5－1）。

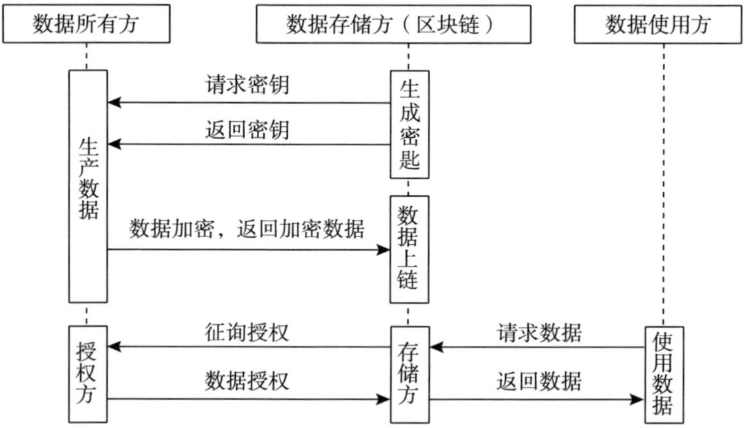

图 5－1　三链结合技术架构

同时，为满足文件存储的问题，三链都使用了文件分离存储模型，即文件保存在存储系统中，文件的元数据（文件名、文件哈希值等）保存在链上。

在特性方面，银义链具有定向主动推送消息的功能。加入银义链的用户在被授权后，既可查看授权用户的过往数据，又可获得授权用户最新上链数据的推送。存义链更强调跨链的兼容性，通常跨数个区块链交换数据，不同区块链上智能合约支持的编程语言不尽相同。信义链基于区块链底层特点，结合现有对称加密与非对称加密，实现同态加密的能力，即对密文进行代数运算得到的结果依然是密文，密文在流转过程中不会被泄露。

云趣数科区块链产业金融云通过“存义链”构建区块链数据交互网络，在为供应链生态提供基础服务后，结合“银义链”基于真实贸易背景的数据共享，打破信息孤岛，由单一闭环的供应链场景向联盟链场景过渡，并融合“信义链”，将真实身份信息通过统一数字标识代码表示，通过企业数字身份链认证后，在联盟链参与方中达到多方共识。以“三链互联”共建联盟链的模式，做到低成本业务接入和可信数据共享。通过以链治链的方式，实现同构区块链或异构区块链设施之间的互通，进而实现数据、业务乃至价值的链间流转。

案例

云趣数科基于数据存证链“云存证”的区块链服务

2019 年 12 月，首个区块链数据存证链“云存证”发布，云趣数科为其提供区块联盟链接入方案与技术服务，同时在运营方面持续提供区块链运行可视化、自动捕捉区块链异常、精准定位异常日志、高效解决区块链异常等专业支持。云存证作为国内供应链金融业务领域首款落地的区块链技术应用，实现了云链平台的业务数据，如订单合同、确权过程、授信、融资审核过程、确权凭证上链，最后形成一个巨大的供应链金融可信数据池。

目前，区块链数据存证链“云存证”提供了数据上链、溯源、授权、加密等服务。

数据上链

通过数据的上链提高数据的透明度以及一致性、真实性，将核心企业、银行、供应商与经销商、平台等各主要参与主体分别作为独立的节点，确保链上数据真实、不可篡改，且保障融资主体的身份、交易凭证的法律效力；任何一个主体试图篡改交易记录的行为都会被记录在链上，进而影响其在供应链体系及金融机构的信用等级。

数据溯源

利用时间戳以及共识机制等技术手段实现了数据的不可篡改和追溯本源的功能，如云信溯源、发票溯源、客户信息溯源等。

数据授权

在智能合约层进行控制，平台上链数据后，系统将返回该数据对应的交易 Hash（散列函数），此时可通过调用授权接口，将数据授权给指定的机构。

数据加密

加密过程是针对需要上链的数据进行加密处理，避免数据明文存储在区块链上，加密的密钥存储在智能合约中。由于对创世区块节点进行了隐私策略（随机因子策略）保护，智能合约中的密钥信息本身也是被加密，且所有密钥均存储在智能合约，此时无法对合约数据进行创世区块溯源，也就无法通过外在方式对区块链的数据进行人为解密，所有解密方式完全依赖智能合约进行。

截至2020年10月，云存证登记笔数已近6万笔，登记金额突破千亿元，云存证融资登记11万余笔，区块链节点数已达20个，区块高度超16万。云存证业务作为国内供应链金融业务领域首款落地的区块链技术应用，聚焦产业数字化过程中的关键环节——数据存储，以区块链技术打造产业互联网时代的新基础设施，实现了企业存证数据的多中心、分布式、加密存储，彻底解决了企业数据资产加密存储问题，为后续深度盘活企业数据资产、激活数据资产的创新动力提供数据保障，支撑未来更加丰富、灵活的数据应用。

云趣数科区块链产业金融云建立以区块链技术为支撑的供应链金融平台，可以解决信息孤岛问题。区块链作为分布式总账的一种，使得非商业机密数据在所有节点共存、共享，让数据在链上实现可信流转，传递核心企业信用。登记在区块链上的可流转、可融资的确权凭证，使得核心企业信任能沿可信的贸易链路传递，整个凭证的拆分、流转过程可溯源，并提供可信贸易数据。在区块链架构下，形成线上化的基础合同、单证、支付等结构严密完整的记录，大大降低了银行的参与成本，实现融资的降本增效。通过区块链实现核心企业信任传递，使得链上的中小企业得到核心企业的信用背书，且更便捷、成本更低，并可实现合约的自动清算。智能合约实现了自动清结算，能减少人工干预，保障回款的安全性，具体内容如下所示。

在降本增效方面，区块链产业金融云在保证数据安全的前提下，提升了供应链金融的运转效率，大大缓解了中小企业的融资问题。以银义链上的企业、银行为例，在引入银义链之前，银行放贷主体偏向进入银行“白名单”的实力雄厚的大企业，而对中小企业放贷审核时间长，中小企业面临融资难、融资贵的问题。而引入银义链后，中小企业以链上数据作为担保，链上数据指中小企业上链的业务数据，申请贷款时作为银行风险评估的参考数据。由于区块链上的数据一旦上链便不可篡改，减少了企业“美化”数据的可能性，银行在审核时可以缩减风控成本，并且银行的放贷、收款可以交由智能合约执行。智能合约不受双方控制，一旦满足条件便自动执行，减小了双方的执行成本。对于银行而言，加入银义链且被授权后，可以主动获得企业最新的业务数据，及时监控企业的经营状况，避免坏账。

在数据保护方面，云趣数科基于数据“三权分立”的因素保护机制，为改善金融监督管理方式开拓了新思路。“三权分立”中的“三权”是指数据的使用权、所有权和运营权，在应用场景中通过区块链的多级加密机制和权限控制，实现数据隐私保护和数据安全。提供供应链金融服务的平台拥有数据运营权，但不可用于牟利，数据所有权由个人用户和企业用户掌控，而资金端即产融生态中的资金提供方拥有数据的使用权，可进行数据查询。这种三权分立的关系既保护了企业的数据隐私权，使得数据资产发挥效能、实现价值，又可对数据进行有效的监控管理。

在风险防控方面，区块链去中心化、分布式部署的特点又能很好地满足数据容灾、防止数据被篡改的需求。以往的数据一般存储在特定机房，一旦出现问题可能会导致数据丢失，且系统恢复时间长。而区块链的数据分散在每个节点，节点间通过共识算法同步数据，单个节点宕机并不会影响到整个系统的使用。区块链的节点由所有用户共同维护，只篡改个别节点的数据，由于共识算法的缘故，得不到其他节点的认同，也就无法轻易篡改数据。

打造产融数字化平台， 突围产业端金融——天星数科

由零售端到产业端金融的跨越

零售端金融的飞速发展

随着互联网技术的高速进步，人们的日常生活相较以前发生了翻天覆地的变化，最明显的便是只需一部手机就可以满足衣食住行等各方面的生活需求。在互联网和大数据计算的作用下，商家可以清晰地定位每一位消费者的需求和消费场景，每个人的生活场景都被互联化、数字化、信息化了。这种数字化生活给我们带来了高效和便捷，尤其在金融服务方面。如今个人端的金融服务便捷程度已经是前所未有的了，以前需要一趟一趟往银行跑的

存款、取款、贷款、挂失、转账等手续烦琐的服务，如今只需在App上轻点几下便可完成；以前需要跑证券公司、基金公司完成的开户、购买证券和基金产品的事项，如今也被线上流程所替代。许多服务不仅是变得触手可及，甚至会被主动推送到消费者手上。这背后的逻辑是数字化生活使得银行等金融机构能更清晰地描画用户需求、评估用户信用、识别用户风险，实现“千人千面”地精准营销与风险定价。总之，科技发展带来了数字化生活，数字化生活产生的信息让每个人的信用不再是历史的、失真的、缺失的、需要自证的，而是变为实时的、可预测的、完整的、真实的，以及可以多维度交叉验证。

产业端金融的思考

随着科技进步及国家产业升级的推进，政府相关部门愈加重视产业的数字化转型及供应链金融在解决中小企业融资方面所发挥的重要作用（见表5－1）。

表5－1　促进供应链金融发展政策

时间	发布机构	政策名称	政策内容
2017年4月25日	人民银行联合工信部等6个部委	《小微企业应收账款融资专项行动工作方案（2017—2019年）》	要充分发挥应收账款融资服务平台等金融基础设施作用，推动供应链核心企业支持小微企业应收账款融资，引导金融机构和其他融资服务机构扩大应收账款融资业务规模。这是国家明确表示对盘活企业资产使用应收账款融资的支持的重要函件

续表

时间	发布机构	政策名称	政策内容
2017 年 10 月 13 日	国务院	《关于积极推进供应链创新与应用的指导意见》	鼓励供应链核心企业、金融机构与人民银行征信中心建设的应收账款融资服务平台对接，发展线上应收账款融资等供应链金融模式
2018 年 4 月 10 日	商务部、人民银行、人保监会等部门	《关于开展供应链创新与应用试点的通知》	鼓励核心企业加强与商业银行、平台企业合作，创新供应链金融服务模式，在有效防范风险的基础上，积极稳妥地开展供应链金融业务，为资金进入实体经济提供安全通道。明确了金融机构在创新发展供应链业务的同时，需要关注企业信用、资产质量和核心风险等关键内容
2019 年 7 月 19 日	银保监会	《关于推动供应链金融服务实体经济的指导意见》	建议银行保险机构依托供应链核心企业，基于核心企业与上下游链条企业之间的真实贸易，整合物流、信息流、资金流等各类信息，为供应链上下游链条企业提供融资、结算、现金管理等一揽子综合金融服务。这是银行联合金融科技企业，推进供应链金融线上化、信息化，从而实现降低资产的核心风险、提高企业融资额度和资产使用效率的重要推手
2020 年 9 月	人民银行等 8 个部委	《关于规范发展供应链金融支持供应链产业链稳定循环和优化升级的意见》	支持供应链产业链稳定升级和国家战略布局。供应链金融应以服务供应链产业链完整稳定为出发点和宗旨，顺应产业组织形态的变化，加快创新和规范发展，推动产业链修复重构和优化升级，加大对国家战略布局及关键领域的支持力度，充分发挥市场在资源配置中的决定性作用，促进经济结构调整

由此可见，政府近年来对供应链金融，尤其是供应链金融的信息化推进高度关注，数字产业、全联金融一定是未来产业的发展方向。中国是制造业大国，也是唯一一个独自拥有制造业中所有类别行业的国家，推动产业数字化转型，助力供应链中的每一个环节、每一家参与企业顺利地融资和成长，是每一家致力于产业金融、科技服务的企业应当担负的社会责任。

天星数科（原小米数科）是小米集团旗下的数字科技服务平台。依托小米集团优势，天星数科打造具有鲜明特色的金融科技服务平台，实现“产业 + 科技 + 金融”融合，通过数字科技手段做好三件事情：第一是产业金融服务，天星数科将过去数年沉淀的经验，携手各方合作伙伴推动产业数字化升级，帮助中小企业降本增效并且服务它们的金融需求；第二是个人金融服务，天星数科服务广大消费者的个人金融需求，不断打磨产品、优化体验；第三是能力输出服务，天星数科将把自身对产业金融服务、个人金融服务的沉淀理解、运营能力和技术积累，分享输出给有需要的金融机构，帮助它们转型升级，一起更好地服务产业实体企业和个人消费者。

天星数科致力于将数字科技融入产业金融，赋能实体企业，持续探索助力企业降本增效，帮助金融机构提供数字化解决方案。通过产融数字平台，天星数科能有效解决中小企业融资难题，帮助中小微智能制造企业降本增效，为金融机构提供可视化产业数据。

在零售端能够做到的事情，在产业端尤其是产业中的小微企业端是否也能够做到呢？小微企业一直存在融资难融资贵的问题，其背后的本质问题是小微企业存在生存周期短、信息不对称、经营风险很难预测、无抵押或者抵押品很少这些劣势。同时，传统风险尽调需要专业的人才储备、长时间的实地调研、多维度的信息交叉验证，对于金融机构来讲，这样的尽调成本必然会抬高小微企业的融资成本。而银行有大批保证风险、收益稳定、额度巨大的央企、国企和大型上市公司业务，服务小微企业的动力不足。以上种种原因使得银行或其他金融机构不愿贷、不敢贷，或者提供低额度、高定价的金融服务以覆盖风险。追根溯源，这是因为金融机构很难识读一家小微企业，或者说不能够方便地识读一家小微企业，从而进行风险定价和提供贷款。既然银行和企业之间不能够相互信任沟通，不能够完整地相互识别，那么能不能利用天星数科在产业中多年积累的经验和科技能力，先与小微企业进行沟通识别，再将获得的真实、全面的数据对接给金融机构呢？依托数字科技，遵循个人数字化生活这个路径，天星数科可以让生产经营全流程、各环节都数字化，数字化的产业流程能够产生并沉淀信息，适配金融机构的风险识别需要，让信息产生信用，让信用提供价值，让信息的流转带动信用的流转，让信用的流转提升价值空间，最终推动金融机构敢贷敢借，从而提供更便宜的金融服务。为此，天星数科一直在研发产业金融系统和服务，推出了一套产融数字化平台。

产融数字平台为产业端金融加码

平台底层技术

天星数科产融数字平台旨在为产业提供高效、低成本的产业金融服务，为金融机构提供真实、全面的企业信息和供应链交易全貌。在数字产业信息层面，天星数科以云计算、区块链、人工智能为代表的新兴科技手段，有机地与产业链和地方经济战略要求结合在一起。

一是在大数据风控、用户画像、风险测算、风险监控等方面，天星数科利用生物特征、设备终端、多元数据的三维防控结合，创新了贷前、贷中、贷后的大数据风控模型。

二是在数字产业智能化层面，该平台具有强大的自我学习能力，可模拟人脑的神经网络算法，为平台的智能监控系统提供技术基础。同时，产融一体化平台还可帮助分析人员普及并重构分析价值链，提供简单、易用、自助式的数据分析服务。

三是积极探索区块链在供应链金融领域的应用，深入区块链基础设施研究，并基于开源架构，设计金融联盟链，以进一步提升产业链效率。天星数科团队研发了一系列基于区块链上的应用技术，如TA验证场景中基于区块链的匿名投票机制、区块链上面向交易存证的基于信封加密的定向授权方法、基于区块链的冷链物流温控信息追踪方案等。平台对所有汇入和转出的合同、订单、发票等数据全部进行上链保真。

接下来，我们对产融数字平台应用的核心技术——区块链上的基于信封加密的交易存证定向授权方法，进行详细阐述。

在供应链金融业务中，有一部分交易数据要保存到区块链上，被称为交易存证。但是由于有些字段比较敏感，所以在上链前需要把交易数据的敏感字段做加密处理。当交易方关于某一笔交易发生纠纷时，需要第三方仲裁机构/法院的介入，为了让仲裁机构/法院可以解开加密的字段，存证方对仲裁机构/法院发起存证数据的授权。仲裁机构/法院得到存证数据的授权之后，通过区块链读取完整的存证数据，完成交易数据的出证。主要包括如下步骤。

第一，存证。

业务系统根据事先约定的出证报告模板，在业务流程中采集电子数据信息，并将电子信息通过私钥加密后传递给可信存证系统；可信存证系统将加密后的电子信息广播至区块链上各节点存储。

第二，取证。

业务系统选取需要出证的电子信息以及出证机构；可信存证系统调用区块链上的智能合约，使用业务系统公钥进行解密，利用出证机构公钥对解密数据进行二次加密，并将数据授权给出证机构；出证机构使用私钥登录机构节点，并使用私钥对已授权数据进行解密，出具出证报告。

在存证阶段，存证信息的持有人发起存证，区块链后台服务调用密钥管理服务，获取明文密钥和密文密钥，将密文密钥返回给存证信息的持有人；然后使用明文密钥加密存证数据的敏感字段，将密文上链保存（见图5-2）。

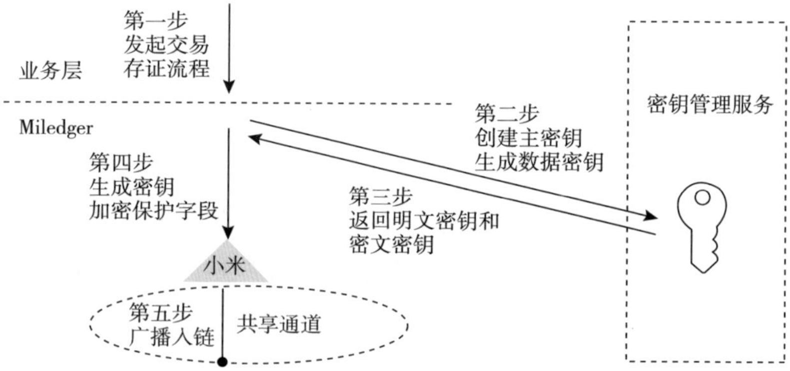

图5-2 存证阶段示意

授权阶段，存证信息的持有人发起授权，将被授权的存证数据对应的密文密钥通过区块链的私有数据发送给被授权方（见图5-3）。

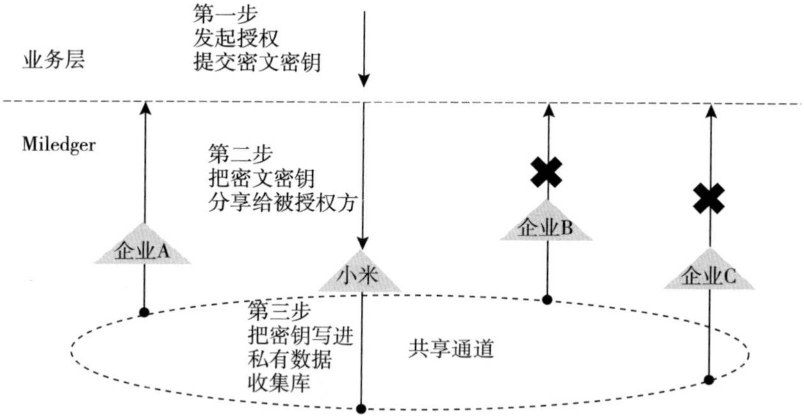

图5-3 授权阶段示意

取证阶段，被授权企业持该企业名下的任意一个合法身份（U-Key/私钥/账号密码）登录区块链，在访问被授权存证时提交对应的密文密钥，区块链服务调用智能合约得到存证密文，将存证密文和密文密钥一起发给密钥管理服务进行解密，最终将得到的明文返回给被授权企业（见图5－4）。

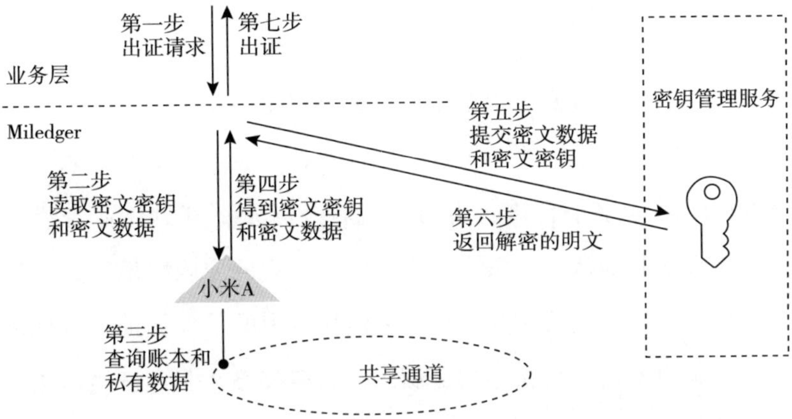

图5－4　取证阶段示意

联盟链的参与企业加入联盟链之后，一般会有多个ID（身份标识号）可以访问区块链，比较典型的如业务人员、运维人员、财务人员、风控人员等，他们会使用各自的ID访问区块链，而不是共享同一个ID。这就导致面向私钥的授权实际是面向ID的授权，而不是面向企业的授权。本方案通过随机密钥的授权过程实现了面向企业授权，更符合真实的业务场景需求。

通过持续不断地投入科研力量，智能制造行业产融数字平台已实现对生产、销售的全流程跟踪。其可以在企业需要资金的订单、入库、发票等环节，根据数据系统的实时数据，以最简便、最快捷的方式，给予企业适时适量、成本合理的资金和资源支持，帮助企业扩大生产规模，实现快速成长。

平台产品架构

1. 电子债权凭证产品——粮票

在产品模式方面，粮票是天星数科产融数字平台推出的一款电子债权转让凭证，用于记载供应商对核心企业的应收账款。粮票可在产融数字平台进行拆分、流转及融资，其具体业务模式为，核心企业确认一级供应商享有的对己方的应收账款，并向供应商开立粮票，粮票作为一种具有法律效力的债权凭证，可规定核心企业的还款时期和还款金额，并拥有核心企业自身的信用担保。供应商收到粮票后，可以继续拆分、流转给下级供应商，也可以经由天星数科产融数字平台向金融机构获取融资。对于银行等金融机构而言，此类放款方式既依赖于核心企业信用，风险溢价低，又实现了将资金流入小微实业的普惠金融目标，其业务模式如图 5－5 所示。

粮票在商业模式创新上主要体现为：它是开具方基于基础合同项下，其对于原始持单人的合法有效的债务，并依据平台的规则和指引，成功开具的记载和证明原始持单人对开具方存在合法有效的债权关系的电子债权凭证。

凭证经过完善的法律论证，具备开具操作便利、可自由拆

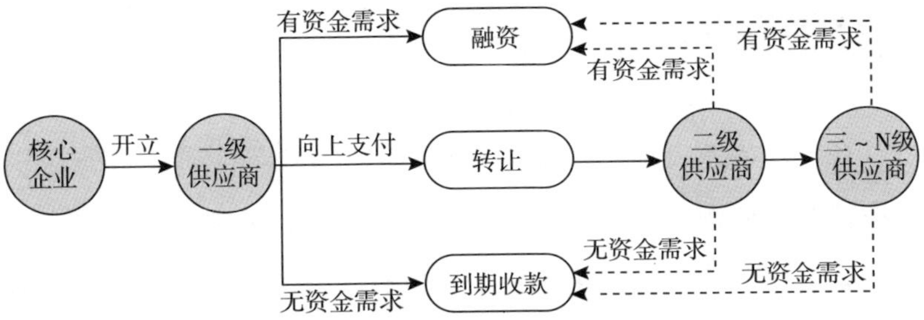

图 5 –5　粮票示意

分、可向上游支付、变现申请简易、融资成本低等特点，且由开立企业到期兑付。凭证记载了该笔应收账款的核心企业兑付人、当前持有人、持有金额、兑付日期等关键信息。

电子债权凭证产品的全套操作只通过线上资料采集，快速放款，不受地域影响，可优化中小企业融资渠道，提高资金周转与运营效率，真正协助供应链上各方实现利益共赢。通过粮票系统，核心企业可以激活自身并不需求的授信额度，增强对上游企业的掌控力，提高自身行业地位，形成完整的产业生态圈。而上游企业一方面可以缩短自身账期，将从核心企业收来的粮票流转到其供应商，从而提高自身生产的周转率；另一方面，亦可在有急迫融资需求时，高效便捷地从银行贷出资金，优化现金流。对金融机构而言，粮票授信及放款基于核心企业信用，风险较低，可操作性强，而资金又流入了需要扶持的小微企业，符合社会资金帮扶小微企业的发展方向。并且，粮票相较于银票、商票等，还具有自由拆分、操作便利、融资便利等明显的优势。

2. 全链金融产品

在产品模式方面，传统金融领域中企业的融资需求和资金供给往往难以匹配。一些企业经营状况不透明，缺少抵质押物，且传统融资渠道周期长，手续复杂，致其获得传统金融服务比较困难。虽然在整个产业链条中，核心企业银行授信额度充足，但大型的企业往往融资需求有限，核心企业信用传递给上下游困难，导致金融资产供需不平衡。而民间借贷、互联网平台现金贷等融资渠道风险高，借款利率高，额度低，难以贴合企业融资需求。

对于资金端机构来说，一些传统的金融机构服务层级浅，往往只覆盖到核心企业和一级链属企业，即使这些机构希望服务到链条中较长层级的企业，也会因操作成本高、流程复杂等困难导致其有心无力。另外，传统机构对小微企业信用评估难，风险控制手段难突破，基础交易真实性难以验证，跨地区展业受限，使其无法服务于跨地区分布的链属企业。并且在大型金融机构内部，组织结构分条划块，业务与科技分开，融合较慢。

以上产业端和资金端存在的问题成为天星数科产融数字平台的切入点。平台专注于某一个或几个行业的整个链条，对供应链的每个环节提供金融服务，如订单融资、存货融资、物流融资、保理融资等。天星数科能将信息准确、全面地传递到金融机构手中，使金融机构在全面的信息面前做到敢借钱、稳回款、能盈利，在信任的基础上逐步扩大授信额度、降低融资利率，从而实现产业端和资金端的全面对接（见图5－6）。

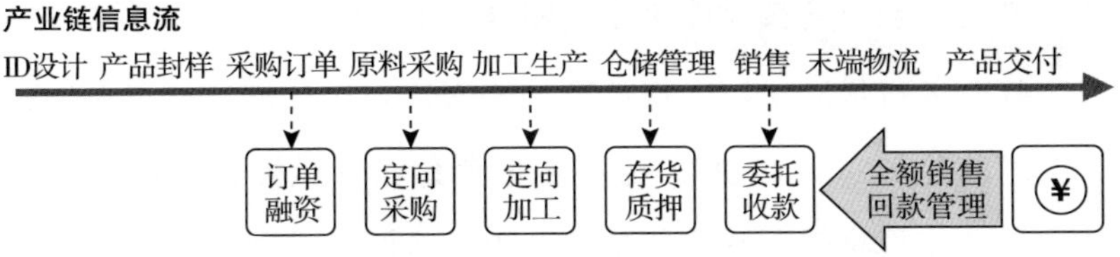

图5-6 全链金融产品示意

在商业模式创新方面，产融数字平台通过全链金融产品，可实现中小微企业订单融资，资金通过银行账户全封闭、定向支付、买断全部回款，同时数据驱动将风险管理颗粒度下沉到最细颗粒，并依托电子产业内优势解决问题。

通过分析企业订单、BOM（物料清单）成本、生产数据、物流交付等信息，天星数科产融数字平台搭建出一整套供应链线上化管理模式，及自动付款/回款体系，助力企业数字化改造。此外，平台可按中小微企业需求，帮助其匹配各类资源，从解决资金问题到解决资源问题，实现产业资源协同，助力中小微企业快速发展。

平台通过数字化赋能中小微企业，化零为整，形成“IoT（物联网）+数字供应链+金融”全套能力输出，搭建产融一体化平台，对接资金端及资产端，助力中小微企业供应链数字化改造，解决其资金、风险预警等问题，满足企业其他各式需求。

3. 政府平台

在商业模式创新方面，不同于传统意义上的产融平台或园区金融平台，政府平台在设立之初，就融入了业务创新、技术创新，真正实现以科技赋能金融、赋能产业。

政府平台最底层以区块链技术为支撑，可实现金融资产向数字资产的过渡。针对供应链金融的所有业务流转，对应的资金流、信息流、物流、商流等信息，以及合同、发票等存证，平台会通过区块链技术将其记录上链，进而实现真正的信息公开、透明、不可篡改、可追溯。

同时，将区块链技术融入以核心企业为中心的信用传导过程中。在金融机构原有的业务模式中，其供应链金融业务的支撑主要是应收账款、票据等方式，但其很难在传统意义上实现拆分、流转，这就阻碍了以应收账款、票据为载体的核心企业信用向上游多级供应商的流转。在实际业务中，往往上游多级供应商才是中小微企业。这种情况也阻碍了中小微企业的融资，导致其现金流的极度紧张，甚至现金流断裂。

针对这种情况，天星数科提出的基于区块链技术的电子凭证可拆分、可流转的方案，能够以金融机构对核心企业的间接信用为基础，以所有参与方全部上链为前提，实现信用流转，解决中小企业融资难、融资贵的难题。

相较于市场同类产品，产融数字平台具有以下优势：平台产业资源、资金来源丰富，可以有效整合资源，赋能产业端，撮合资金端，实现差异化竞争；对企业生产排期、生产进度、交货情况等全面监控，实现对产品全生命周期的资金支持。通过对历史数据的分析，更加了解产业，并通过企业交易方式来帮助分析测算现金流，帮助企业更加合理地安排资金，更好地为企业做好金融服务。

截至目前，产融数字平台已实现普惠融资超600亿元，服务中小企业数千家，直接辐射客户上万家。其中，2019年金融机构通过产融数字平台累计放款额突破300亿元。另外，平台在提升产业运转效率方面成效显著。经测算，天星数科的产融数字平台金融业务渗透率为31%，通过产融数字平台模式进行融资，可平均降低企业融资成本2%。按其他已上线平台数据测算，该平台可帮助企业平均提升劳动生产效率9.02%，库存周转率提升47%，订单交期缩减20%，降低企业直接生产成本2.2%。

供应链金融如何更好地做到产融结合

2020年9月，人民银行等部门联合发布《关于规范发展供应链金融支持供应链产业链稳定循环和优化升级的意见》，明确表示：提高中小微企业应收账款融资效率，有助于扩大中小微企业融资覆盖面、降低融资成本。随着我国产业互联网浪潮的涌起，供应链金融业务模式进一步升级，供应链金融开始逐步迈入数字化的4.0阶段。未来，供应链金融将以云计算、大数据、区块链、物联网等技术应用为主要驱动力，探索支持多种产业发展的多样化服务模式，支持实体经济提质增效，进一步打造“供应链金融即服务”新模式。

深挖产业，按需定制。供应链金融的核心和基础是产业，与实体经济联系较为紧密，是推动实体经济高质量发展的重要抓手。供应链金融的服务载体是各条产业链，每条产业链由众多处在供应链不同环节、不同类型的实体经济主体组成，这些交易主体通过上下游之间的供求交易关系形成一条“供应链”，甚至是“供应网”。在供应链中，核心主体“品牌商”的上游有原材料、零部件或工具设备等与生产资料配套的供应商，下游还有商品流通环节的“分销商”，且大部分产品还需要“服务商”才能交付给消费者。由于每个产业的供应链模式、盈利模式、资金需求、周期都是不同的，不同产业链之间的交易模式差别也很大，这就需要深入研究各个不同的产业供应链，通过优化产业供应链的结构、上下游之间的交易方式、全程供应链的信息共享机制和产业链上跨企业之间的流程协同，以避免出现牛鞭效应、库存呆滞、交付不畅等问题。因此供应链金融在服务于不同的产业过程中，必然催生出不同的服务模式，这将促使供应链金融平台依据每个产业不同的发展规律，向更垂直细分、更精准、更专业的方向发展。各供应链金融参与主体需要根据不同行业、不同企业的具体需求，围绕具体产业链来为其量身定做金融服务，提供更加灵活和个性化的供应链融资产品。

拓展区块链技术的增信场景。供应链上资金的流动、信息的整合、资产的选取，需要依靠多个主体的协同才能保障高效运转，而供应链上存在着众多中小企业，各企业之间的发展状况不同、需求多种多样，同步各组织之间的交互行为，尤其是供应链金融活动中信息和服务的交互将会面临较大挑战。其中，建立各组织之间的相互信任以缓解信息不对称问题尤为关键。从长远来看，供应链上各主体之间的信任需要依靠新技术解决信息可追溯问题，从而建立起新的信任网络。

随着区块链上升为国家战略并纳入新基建，区块链发展进入了与产业深度融合的新阶段。区块链技术以其不可篡改、加密等特性，可以增进上下游企业的现实信任，解决供应链金融中的信息不对称问题，有效推动数字供应链金融的发展。基于此，整个供应链运营的全生命周期能够得到监测、管理和追踪。因此，各供应链金融参与主体应深挖客户需求，提高对区块链技术的认知程度，增强区块链技术的研发实力，让核心企业的良好信用穿透产业链上下，拓展区块链技术在供应链金融中的增信场景，积极探索基于实物资产数字化的采购融资模式、基于核心企业信用的应付账款拆转融模式、基于多而分散的中小微企业再融资模式等“区块链 + 供应链金融”新模式，为供应链金融主体提供多场景的金融科技解决方案。

第六章

监管科技：监管端+合规端合力护航金融科技发展

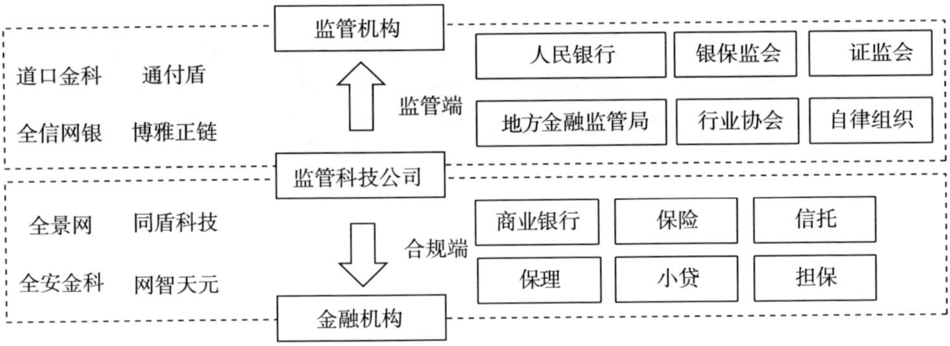
监管机构
道口金科
通付盾
全信网银
博雅正链
监管端
人民银行
银保监会
证监会
地方金融监管局
行业协会
自律组织
监管科技公司
全景网
同盾科技
全安金科
网智天元
合规端
商业银行
保险
信托
保理
小贷
担保
金融机构

监管科技产业生态图

随着数字化转型发展的持续推进，科技在重塑金融新动能的同时也带来了诸多风险，而且，技术风险与金融风险叠加，使得新风险更具有隐蔽性和破坏力。为顺应数字时代的发展趋势，我国金融监管亟须变革手段以应对新式风险。监管科技通过对监管对象的行为进行自动预警，实现穿透式监管，是我国金融监管创新的重要方式。我国积极推进监管试点应用，自 2019 年 12 月在北京启动试点以来，不到一年时间，试点已全部落地：共 60 项惠民利企创新项目，涉及 60 余家金融机构以及 30 多家科技公司。目前，区块链、人工智能等新技术在监管科技领域已有诸多应用，监管者可以实时监督被监管者行为，被监管机构可以精准识别风险、减少反复报送等流程，大幅减少监管摩擦。目前，监管科技尚处于初步发展阶段，但是，博雅正链和慧安金科活用金融科技底层技术，创新产品服务，为我国金融科技监管提供了新思路、新举措。接下来，我们就以博雅正链和慧安金科为例，重点介绍两家企业分别在监管端与合规端所做的技术产品创新。

搭建面向监管科技的联盟链平台——博雅正链

近年来，金融科技的发展促进了金融创新和金融市场的发展，但企业内部普遍存在内控机制薄弱、消费者权益保护不足、信息不透明等合规问题，同时，金融科技打破风险传导的时空限制，使得风险传播速度更快。金融产品的交叉性和关联性不断增强，导致风险难以识别，风险隐蔽性更大，因而传统监管措施很难奏效。为了防范金融创新引发的风险，监管部门提出了更多合规要求，增加了金融机构的合规成本。监管科技是为了更加高效地解决监管与合规要求而使用的新技术，是金融科技发展的必然产物。监管科技 + 区块链将改变监管者与受监管对象的关系，减少监管摩擦并提升监管效果。

面向监管科技与金融科技行业应用的联盟链平台的技术原理

博雅正链团队在成立之初以自主研发的“博雅正链 RegChain”联盟链为基础平台，综合运用智能合约、人工智能和大数据等技术，致力于为监管部门和市场经营主体提供安全的、高效的，满足监管要求与合规需求的行业解决方案。在区块链核心技术的突破上，博雅正链以面向监管科技的智能合约编程语言 RegLang 为区块链核心技术的主要入口，助力监管部门和行业主管部门实现监管规则的数字化、自动化、智能化。

该平台的建设可以有效满足如下需求。一是应对金融风险新形势的需要：金融科技背景下服务方式更加虚拟、业务边界逐渐模糊、经营环境不断开放、金融风险形势更加复杂。二是解决金融监管瓶颈的需要：监管科技借助技术手段对金融机构进行主动监管，推动监管模式由事后监管向事中监管转变。三是降低机构合规成本的需要：金融机构迫切希望借助数字化、自动化手段增强合规能力，减少合规工作的资源支出。四是顺应科技变革的需要：监管科技有助于风险管理理念的转变和风险感知能力的提升，实现金融风险早识别、早预警、早发现、早处置。

区块链技术是价值互联网的基石，其核心在于信任机制的构建。区块链技术的应用能够有效提高业务效率，以更低的成本构建更加安全可靠的信任网。面对以上监管科技和金融科技日益增长的区块链应用需求，博雅正链在自主创新的基础上，提供了高效、安全、合规、灵活的行业解决方案。

高效：将计算与共识分离，仅在监管群体间建立共识，避免全节点共识而造成资源浪费，并通过可信执行环境（TEE）的远程证明简化计算验证过程，极大地提高计算和共识效率。

安全：通过 TEE 保证数据在计算过程中的保密性，通过数据通道隔离技术保证数据同步范围内实现可控物理隔离，通过智能合约安全分析与审计技术识别合约漏洞。

合规：设计了面向监管要求的智能合约编程语言，助力监管部门实现监管规则数字化、自动化、智能化。博雅正链的加密过程全部采用国密算法，其开发维护的 GmSSL 是开源社区著名的开源国密算法工具箱。

灵活：提供支持互操作的跨链通信服务，支持跨 Ethereum（以太坊）和 Hyperledger Fabric（Fabric 超级账本）等链之间的数据共享和交换，并可无缝对接大数据系统及微服务架构（见图 6－1）。

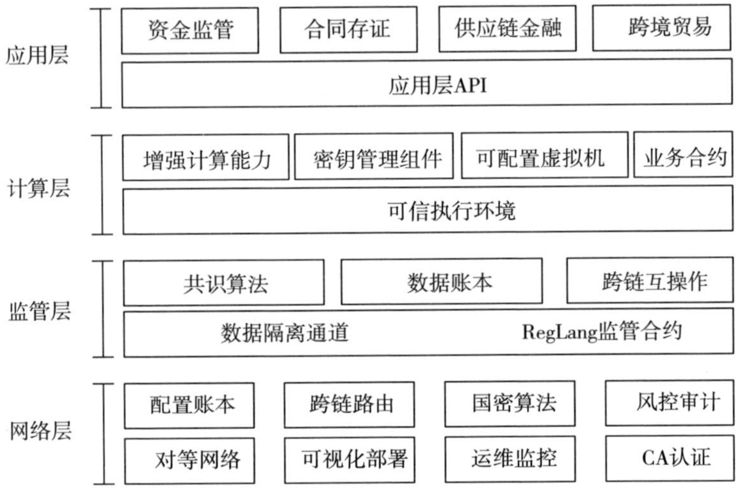

图 6－1　RegChain 整体构架

计算与共识分离

博雅正链将共识与计算过程分离，在计算节点中计算，在监管节点间完成共识。区块链平台的数据流通效率通常受到参与共识的节点数量的影响，随着节点数的增加，数据流通效率不断降低。而在监管科技和金融科技的应用场景中，不需要全部节点参与共识，仅在监管节点间完成共识和数据复制即可保证数据的一致性，以此提高数据流通效率，降低交易确认时间。智能合约运行在计算节点的可信硬件中，通过可信硬件保障数据安全。

同时，受益于可信硬件提供的远程证明机制，智能合约仅需在一个计算节点中进行一次计算即可，不需要其他节点通过重新执行来验证计算结果的正确性，因此用户可根据自身实际情况弹性部署，大幅节约计算成本。整个平台的计算压力也通过这种方式分摊到各个计算节点，在满足数据一致性的基础上实现了高性能的分布式计算。

计算节点常由从业机构、业务部门或参与者维护，逻辑上包括网络层、计算层和应用层。计算节点不参与联盟链的共识过程，数据依赖于从一个或多个监管节点进行合约级同步，不需要同步数据账本的全部数据。计算节点需具备可信硬件，负责智能合约的计算过程，并通过可信硬件实现函数级数据加密与访问控制。计算节点在计算完成后，通过加密通道向监管节点出具计算内容和远程证明，再由监管节点验证并写入数据账本。计算节点只需要存储和计算与用户自身相关的数据，因此大大降低了用户的存储和网络压力。

监管节点通常由监管机构、管理部门或主要发起者部署和维护，逻辑上包含网络层和监管层，也可提供计算层与应用层的服务。监管节点具有平台全部数据，负责验证计算节点的计算内容的远程证明，并对写入数据账本的数据进行排序、共识和同步。监管节点还可基于可信硬件向计算节点提供合约级数据隔离通道和跨链互操作功能，提高平台安全性及灵活性。

RegLang 监管合约编程语言

RegLang 是面向监管科技的智能合约编程语言，助力监管部门实现监管规则数字化、自动化、智能化。

监管规则数字化：RegLang 的语法规则和类型系统根据监管需求进行设计，便于实现监管规则数字化，快速完成数字化监管规则库的建设。

监管规则自动化：通过 RegLang 编写的智能合约能够运行在 RegChain 联盟链平台上，监管部门可以通过智能合约自动实现穿透式监管，受监管对象能够通过监管部门公布的监管规则提升自动化合规能力。

监管规则智能化：监管部门能够通过 RegLang 在区块链中构建专家系统，也可以通过 RegLang 与区块链外部构建的智能风险管理模型进行交互，持续有效满足金融监管要求。

监管规则内生安全：RegLang 是图灵不完备的智能合约编程语言，语言设计上便于形式化验证工具和安全分析工具对智能合约进行安全审计，充分保证智能合约的安全性。

数据管理隐私优先

TEE 通过处理器上的安全区域提供了与常规操作系统隔离的计算环境，保证 TEE 中的计算不受常规操作系统的影响，进而保证加载到 TEE 中的代码和数据的机密性和完整性。TEE 还能够对运行的程序及结果出具远程证明，因此其他用户不需要重新运行程序，只需验证远程证明的真实性和有效性即可确认在 TEE 中运行的程序及其结果的正确性。

博雅正链的计算层运行在可信执行环境中，并可通过密钥管理组件实现分布式密钥生成和分发，通过在网络层查询系统级合约，来对一般智能合约进行“函数级”的访问控制。博雅正链的数据管理主要包含计算层管理组件、密钥管理组件、应用层信道、监管层信道和网络层信道。智能合约的执行流程如下所示。

- 计算层管理组件从应用层信道获取输入数据，以及用户身份信息等。
- 计算层管理组件通过网络层信道读取配置账本数据，加载智能合约虚拟机，验证“函数级”调用权限。
- 智能合约在虚拟机中进行计算，需要加解密的数据通过密钥管理组件获得密钥，再进行计算。
- 计算层管理组件将依赖状态、计算结果和远程证明通过监管层信道发送到监管节点，等待监管节点验证。
- 监管节点验证远程证明的真实性和有效性后，检查依赖状态是否与账本最新状态冲突，如果冲突，则通知计算节点写入失败，如果不冲突，则将计算结果写入账本，并通知计算节点写入成功。
- 计算层管理组件收到监管节点的通知后，如果账本写入成功，则将计算结果通过应用层信道返回给用户，如果写入失败，则通知用户智能合约执行失败。

由于智能合约的计算在可信执行环境中完成，因此运行时数据不会被泄露。对于需要保密的账本数据，明文仅在运行时可见，并且通过密钥管理组件存储密钥，因此数据不会被任何非授权用户获取。在充分保护数据隐私的基础上，数据所有者仍然可以通过“函数级”授权，允许其他用户通过调用指定的智能合约使用数据（仅获取计算结果，不获取数据明文）并保留使用记录，这样既能自证数据的真实性，又能实现可控、可追溯的数据共享，最大化数据资产价值。

成员管理合规可控

联盟链的成员管理依赖于安全可靠、合规可控的身份认证。博雅正链采用基于国密算法的证书体系，对全部监管节点和计算节点进行认证和管理。

国密算法是国家商用密码算法的简称。自 2012 年以来，国家密码管理局以《中华人民共和国密码行业标准》的方式，陆续公布了 SM2/SM3/SM4 等密码算法标准及其应用规范。其中“SM”代表“商密”，即用于商用的、不涉及国家秘密的密码技术。近年来，各金融主管部门相继发布《金融领域密码应用指导意见》《关于推动移动金融技术创新健康发展的指导意见》《银行业应用安全可控信息技术推进指南》等文件，推动金融系统使用国密算法。

资源管理安全可信

区块链的数据隐私是建立在计算的原子性的基础上的，即通过可信执行环境保护的数据在一个智能合约的计算过程中不会泄露，用户仅能在一个智能合约完成运行后才能获得计算结果。在监管科技和金融科技领域，存在大量的既有信息系统和数据库，仅计算链上数据的智能合约不能完全满足需求，在许多业务场景下，智能合约不得不与链下数据或信息系统进行交互。但是智能合约与链下的数据交换会破坏智能合约计算的原子性，因此可能造成区块链上受保护数据的隐私泄露。

博雅正链开发维护了国内最受欢迎的开源密码工具箱 GmSSL，支持 SM2/SM3/SM4/SM9 等国密算法、SM2 国密数字证书及基于 SM2 证书的 SSL/TLS 安全通信协议，支持国密硬件密码设备，更贴近用户需求，符合国家密码管理局的要求。

针对智能合约存在的漏洞及安全风险，博雅正链提出了一系列智能合约安全分析与审计方法，RegLang 智能合约语言中包含了公司自主开发的自动化智能合约安全分析与审计工具集，工具集可覆盖重入漏洞、溢出漏洞、时间戳依赖等多种漏洞，在准确性、检测速度等方面均达到国际领先水平。

博雅正链充分理解代码安全技术，底层区块链源代码自主可控，在国家间的金融竞争和金融技术竞争中，能起到维护国家金融安全的重要作用。在安全方面，其自主研发智能合约分析与审计工具集和国产密码工具箱，可保证合约和密码层面的安全，同时支持双结构基础网络，避免现有针对（网际互联协议）网络的攻击危害内网关键数据。

基于区块链的数字函证平台——联盟链平台 RegChain 的有效实践

函证是通过函证程序求证被审计企业的财务报表真实性，是注册会计师法定审计工作中的核心程序之一，对于识别被审计企业财务报表的错误和舞弊行为至关重要，因此银行函证也是当前金融市场投融资活动中实施风险控制的关键环节。近年来，我国金融市场出现的多次风险事件都与不真实银行函证密切相关，其中，有员工因操作失误提供了不准确的函证，也有因员工道德问题而出具虚假不实函证，这些事件均对金融市场造成不良影响，也给银行带来运营风险、法律风险和声誉风险。区块链技术是跨点对点通信、分布式算法、数字加密、身份认证等多个领域的融合技术，通过函证参与各方与相关监管之间构建联盟链，使得发函、授权和回函各环节权责清晰，多方参与银行函证全流程共识存证，强化银行函证业务信息化服务水平。计算节点不参与完整共识只维护自身账本，实现了各银行数据物理隔离，提升事务所审计效率，降低审计风险。函证公信力可提升被审企业品牌价值，缓解小微企业融资难题，使合约实现监管自动化、数字化、智能化。函证具备防篡改、抗抵赖、可溯源的特性，能够助力监管单位构建实时监管新模式。基于区块链的银行函证平台，既能够避免现有函证业务中普遍存在的问题，又能够弥补中心化银行函证系统的不足，同时也是对运用区块链技术有效解决多方参与场景下的业务升级与监管新模式的积极探索。

政策与市场的迫切需求

2016 年 7 月 12 日，财政部与原银监会向各地财政厅（局）、银监局，以及政策性银行、大型银行、股份制银行、邮储银行、外资银行印发了《关于进一步规范银行函证及回函工作的通知》(财会〔2016〕13 号)，指出银行函证是注册会计师独立审计的核心程序之一，银行回函对于注册会计师在审计工作中识别财务报表错误与舞弊行为至关重要。该通知指出，为进一步规范银行函证及回函工作，保证审计工作质量，维护金融市场秩序，各相关方要高度重视银行函证回函工作、规范银行函证及回函工作、严格银行函证回函的内部控制、建立健全银行函证集中处理机制、加强回函监管工作，并制定了《审计业务银行询证函》和《验资业务银行询证函》的统一标准。

近年来，A 股市场上出现的多个审计失败的案例与银行函证程序失效不无关系，给相关会计师事务所的声誉带来了很大的负面影响。2019 年上半年，证监会专门就函证等基础审计程序开展了专项检查，也在一定程度上说明了上市公司资金交易真实性对于注册会计师行业乃至金融市场和资本市场健康稳定发展的重要性。但是，目前我国银行函证仍以线下手工为主，主要流程是注册会计师编制函证纸质底稿，交由被审计企业授权寄（送）

达开户银行，由银行核对函证内容，签字盖章后寄回给注册会计师（见图6-2）。

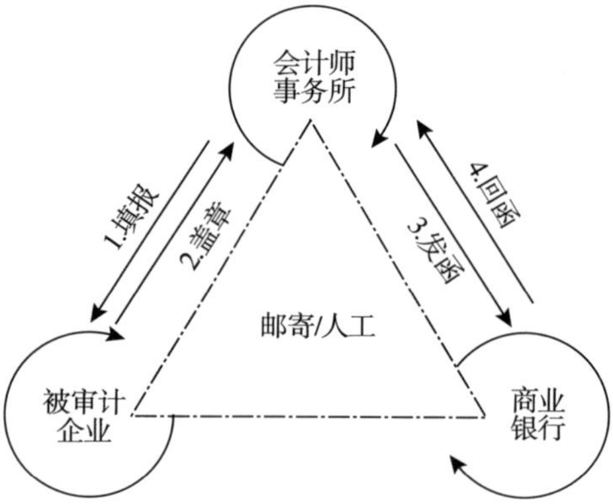

图6-2 传统银行函证业务流程

由于参与方多、路径长、节点多，且各方信息化水平差异大等，使得银行函证确认时间长、效率低、成本高、差错多、可靠性差等问题较为突出。例如在效率方面，一份询证函从注册会计师填写并寄出到收回通常需要2~3个星期，消耗了审计人员的大量时间和精力，银行内部回函流程也同样烦琐。在成本方面，每一份纸质函证的邮寄都需要邮寄成本，会计师事务所还要安排大量人员专门处理函证的填写、发函、催收、回收等工作，银行内部回函也可能涉及多个部门、多道流转，花费大量人力物力。据初步统计，会计师事务所投入银行函证的人力和邮寄成本为300~500元/份。在可靠性方面，纸质函证在流转中存在被人工干预的潜在风险，审计人员又很难对人工干预风险进行控制和识别，导致纸质函证的可靠性程度降低，从而影响审计质量，造成审计风险。此外，多数银行未建立函证集中处理机制，回函工作均由基层网点线下处理，操作风险和道德风险难以规避。随着社会经济的快速发展，银行函证业务除涉及银行内部存贷汇管多个业务条线外，还越来越多地涉及会计师事务所、被审计企业等多个社会主体，成为需要跨专业、跨部门进行改革治理的重要问题。

函证业务存在多个痛点

函证业务过程烦琐导致审计效率低下，回函流程烦琐、周期长且质量差，银行与企业仍存在联合作假风险，印章错误导致回函不具有法律效力，企业成本高和财务报表透明度低，自然资源和社会资源存在浪费，有丢失和人为编制错误情况发生。随着商业银行信息化建设的深化，已有银行在内部建立函证中心服务，但尚未有事务所和企业实现统一接入，发函授权仍采用线下人工方式。如果将商业银行、事务所和企业均纳入统一的银行函证系统，那么仍具备如下不足：系统由谁来建设、谁来管理、谁来负责等权责划分问题，各方共识问题，银行接入问题，篡改抵赖问题，函证监管问题，函证取证问题。

基于区块链技术的数字函证平台提供新思路

中国互联网金融协会（以下简称协会）的银行、会计师事务所、律师事务所、科技企业等会员机构强烈呼吁运用现代金融科技手段，改善现有函证流程，提高工作效率并减少业务成本。针对广大会员机构的期盼，协会会长指示协会各部门迅速开展调研，论证应用区块链等技术提升函证效率的可行性。为此，协会专门成立工作组对此项业务进行调研，并与中国注册会计师协会协商共同推进，在此基础上，联合北京大学区块链研究中心共同攻关，设计了基于区块链的数字函证平台底层架构，形成了相应解决方案。

1. 方案目标

以底层区块链平台实现函证数据的防篡改、可溯源。

通过将函证数字化，促进提升函证处理效率，降低函证过程中的成本。引入区块链技术，在事务所、被审计企业、商业银行、中国互联网金融协会（简写为中互金协会）、监管单位之间构建联盟链。其中，中互金协会作为事务所的银行函证业务的接入方，银行作为企业授权、扣费和函证业务的具体受理方，中注协作为事务所的管理方。事务所负责基于对被审计企业的审计需求，使用《审计业务银行询证函》和《验资业务银行询证函》发起函证流程，并在平台进行发函；银行节点同步账本数据，受理函证业务，提醒企业的授权且收取企业费用，并进行回函；中互金协会节点和中注协节点在保证函证数据隐私、函证业务合规的前提下，同步银行回函数据，供事务所审计使用。银行函证业务数据经多方共识上链后，具备区块链的防篡改、抗抵赖、可溯源等特性。平台提供核心的发函、回函、流程管理等接口，即平台的功能边界，事务所、被审计企业以及商业银行可调用平台接口完成相应的函证业务（见图6－3）。

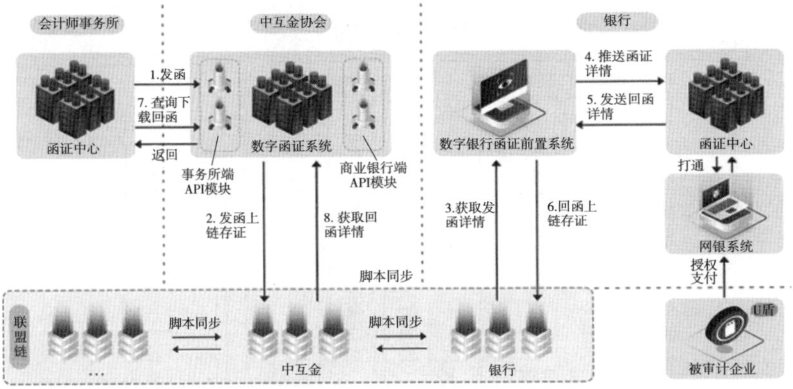

图 6 -3　核心业务流程

2. 实现方式

建立数字函证平台。

系统架构。数字函证平台运用区块链等金融科技手段构建了数字化的银行函证流程，实现了会计师事务所发函、银行收函、被审计企业确认、银行回函、会计师事务所接收回函全流程线上处理（见图 6 -4）。

部署架构。平台基于区块链技术在银行、中互金协会及相关行业组织之间部署联盟链，将函证业务发函和回函的全量数据经过区块链多方共识完成后上链存证，保障函证业务数据的防篡改、抗抵赖，实现链上数据的安全可控和可信共享（见图 6 -5）。

技术架构。数字函证平台采用数字认证、数据加密等技术保障数据安全，且均符合电子签名法有关要求。平台底层密码技术使用最受欢迎的开源密码工具箱 GmSSL，符合国家密码管理局要

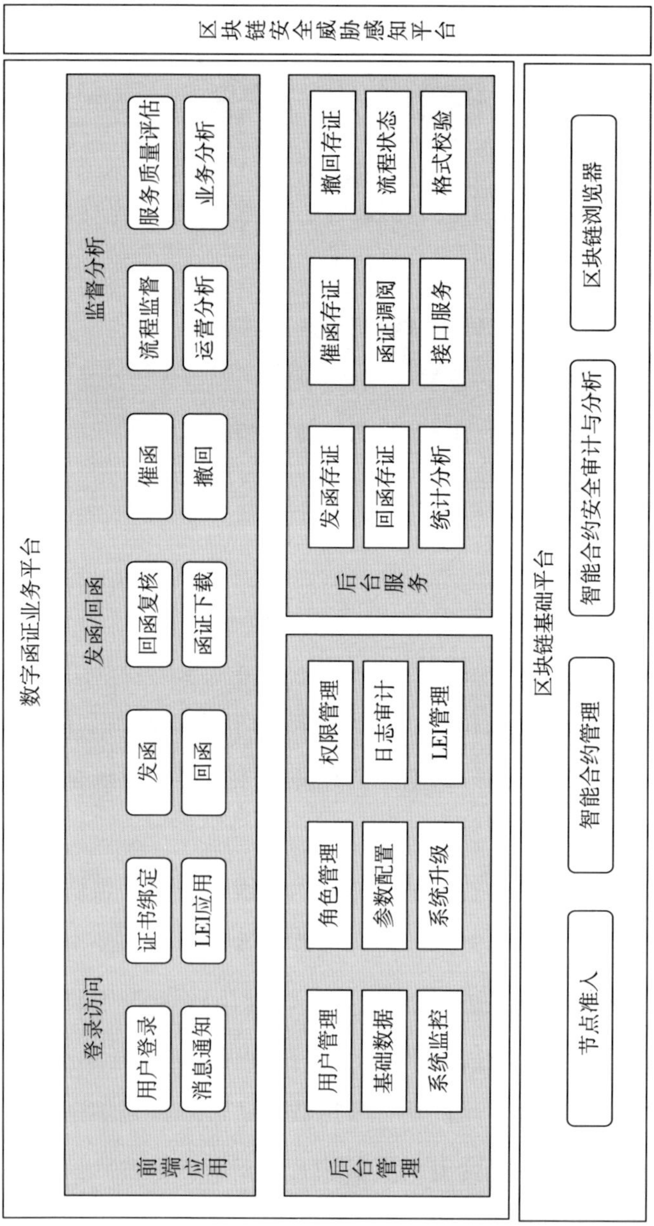
数字函证业务平台
前端应用
登录访问
用户登录
消息通知
证书绑定
LEI应用
发函/回函
发函
回函
回函复核
函证下载
催函
撤回
监督分析
流程监督
运营分析
服务质量评估
业务分析
后台管理
用户管理
基础数据
系统监控
角色管理
参数配置
系统升级
权限管理
日志审计
LEI管理
后台服务
发函存证
回函存证
统计分析
催函存证
函证调阅
接口服务
撤回存证
流程状态
格式校验
区块链基础平台
节点准入
智能合约管理
智能合约安全审计与分析
区块链浏览器
区块链安全威胁感知平台

图6-4 系统架构

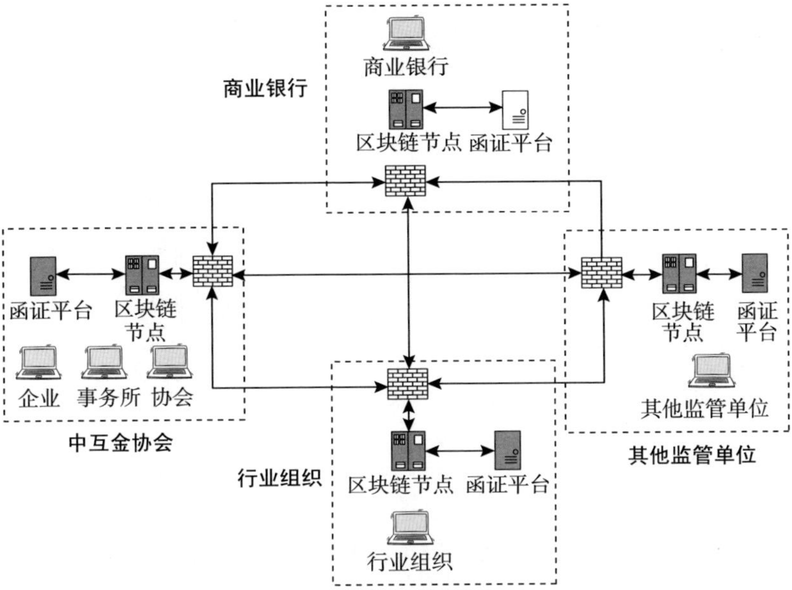

图6－5　部署架构

求；通过数字证书控制节点的联盟链准入，对相应参与方做好身份认证；平台区块链节点之间的通信须采用传输层安全性协议（TLS），保证节点间通信安全和数据完整性。此外，平台采用分布式系统架构，即使部分节点出现宕机也不会影响平台的正常运行，可保证业务连续性，节点重新恢复工作后，将会自动同步账本数据（见图6－6）。

数字函证平台可有效满足不同银行、会计师事务所的数字函证业务需求。例如在银行端，平台可为函证业务量多的中大型银行提供基于可信执行环境（TEE）技术的区块链一体机和API的接入方式，同时为函证业务量少的银行提供网页端的平台在线填报快速接入方式。此外，平台也可为行业组织、监管机构提供实

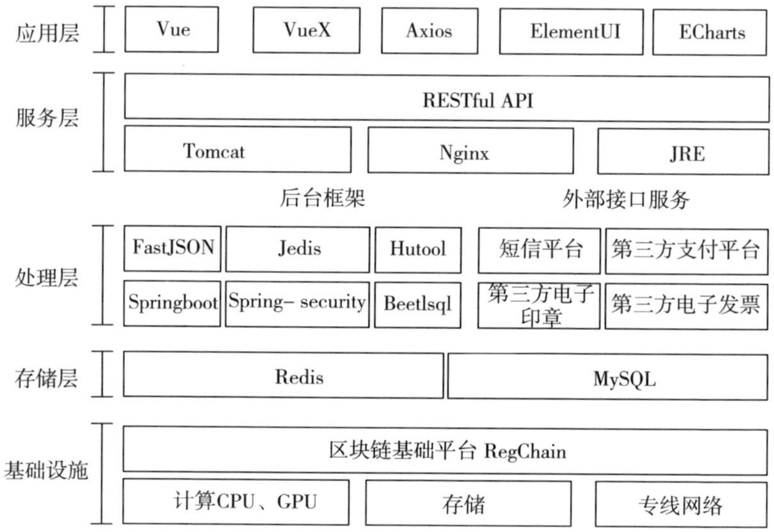

图6－6　技术架构

时穿透式监督管理能力，相关行业组织、监管部门可在保证函证数据隐私、函证业务合规的前提下对函证业务流程进行监督。例如通过统一的智能合约，可实现对函证业务有关情况周期性的统计分析。

数据架构。基于区块链的银行电子函证平台系统，主要数据包括结构化数据和非结构化数据。结构化数据包括函证业务类数据、系统管理类数据。其中，业务类数据主要包括事务所、被审计企业、商业银行的基础信息数据、函证数据、统计报表数据及区块链存储索引数据等。系统管理类数据主要包括用户权限类数据、平台状态监控类数据、日志审计类数据、参数配置类数据等；非结构化数据主要包括各发函、回函 PDF（便携式文档格式）扫描件（见图6－7）。

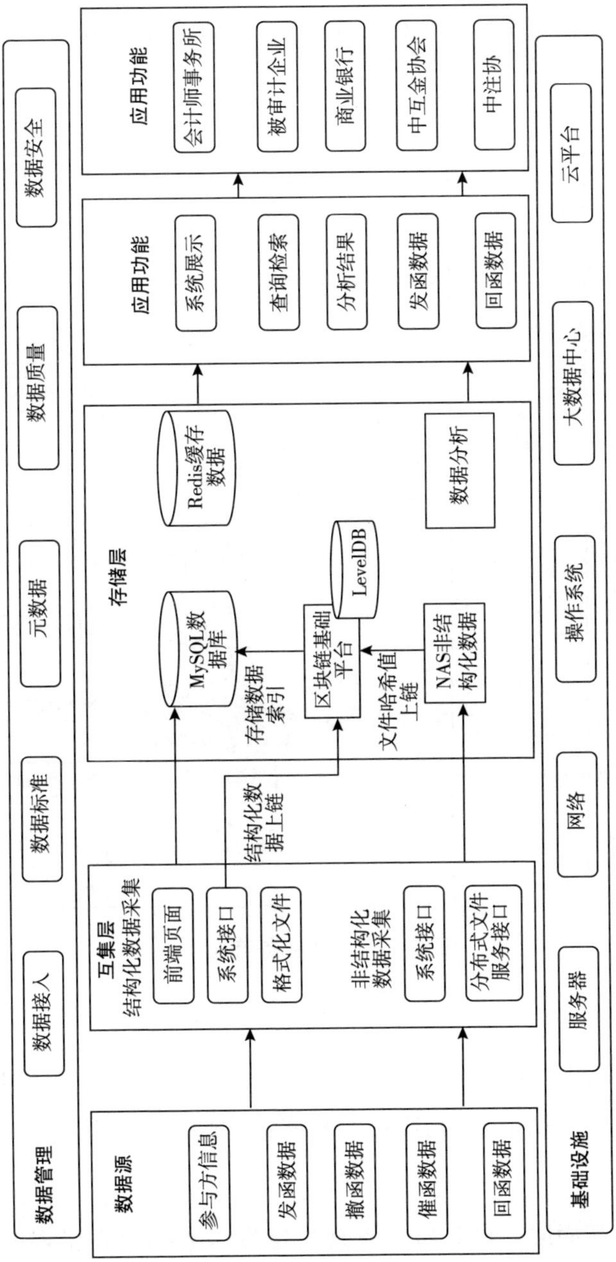
数据管理
数据接入
数据标准
元数据
数据质量
数据安全
数据源
参与方信息
发函数据
撤函数据
催函数据
回函数据
互集层
结构化数据采集
前端页面
系统接口
格式化文件
非结构化数据采集
系统接口
分布式文件服务接口
结构化数据上链
存储层
MySQL数据库
存储数据索引
区块链基础平台
LevelDB
文件哈希值上链
NAS非结构化数据
Redis缓存数据
数据分析
应用功能
系统展示
查询检索
分析结果
发函数据
回函数据
应用功能
会计师事务所
被审计企业
商业银行
中互金协会
中注协
基础设施
服务器
网络
操作系统
大数据中心
云平台

图6-7　数据架构

业务流程。平台电子函证业务正常业务流程如图6－8所示。

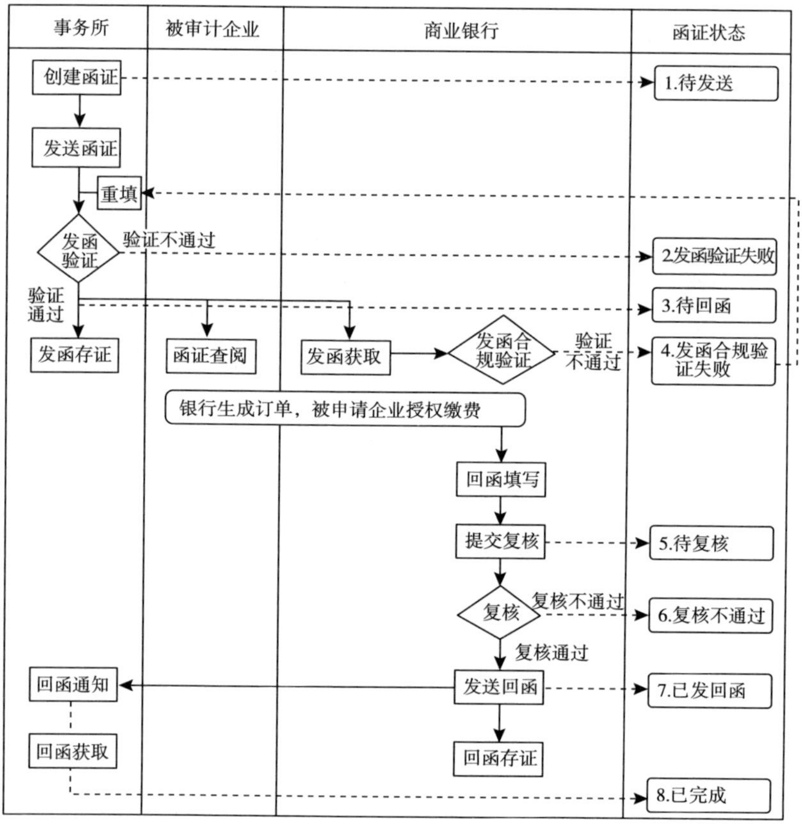

图6－8 正常业务流程

事务所针对发函验证失败、发函合规验证失败，可重新编辑发函内容并重新发送函证；银行业务员针对复核不通过的回函，可重新编辑回函内容并再次提交复核、发送回函流程。

- 发函撤回：事务所在发现指定发函数据存在错误的情况

下，可通过平台进行撤回，撤回操作需要以一笔交易的形式进行存证（见图6-9）。

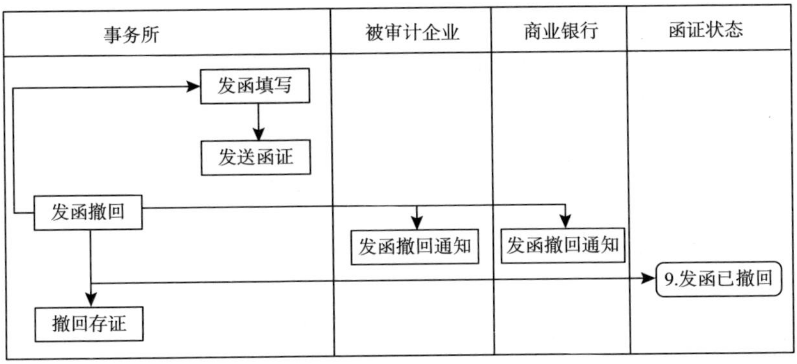

图6-9　发函撤回流程

- 催函：针对银行长时间未受理等异常状态的函证，事务所审计师通过平台提供催函渠道及催函功能进行催函。催函将在平台节点完成存证，共识完成后，商业银行通过本地节点获取催函信息（见图6-10）。

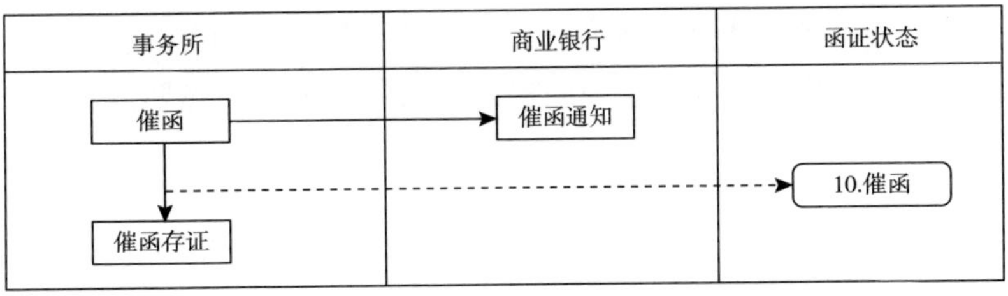

图6-10　催函流程

- 服务质量评估：中互金协会、中注协可基于智能合约，对事务所、商业银行的发函受理和回函时效性进行评估，对商业银行的服务质量进行客观评估（见图6－11）。

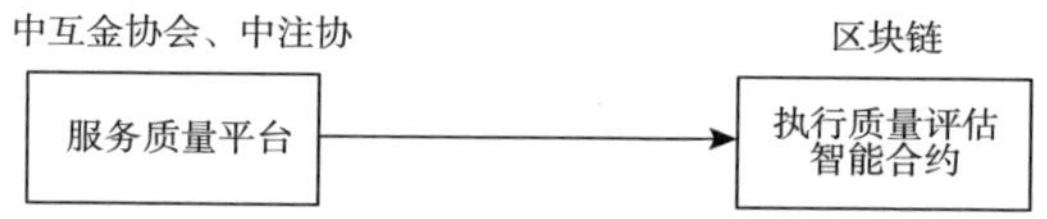

图6－11　服务质量评估

3. 实施保障

基于区块链的数字函证应用重点关注可扩展性、可用性、前瞻性等原则，便于后期的银行数字函证监管层面的业务扩展。

一是松耦合原则。按分层和分组的概念设计系统部署和服务器摆设，层内或组内服务器调整尽量不影响其他层或组。

二是可扩展性原则。对于系统增加的负荷，可以利用负载平衡和并行处理的方式来满足新增负载的需求；对于新增业务，通过复用已有设备或新增设备的方式进行扩充。

三是前瞻性原则。系统的建设遵循一个长远的规划，满足未来业务的发展需要。

四是可用性原则。充分保证数据的正确性和有效性，促使数据质量问题的逐步改善；为保证系统的正常运行，系统必须具有高可用性，不能因单点故障导致业务的中断。

五是开放性原则。采用开放的系统设计，不依赖于特定厂商的设备和技术。

4. 技术成果

区块链技术具有多元化应用场景高度包容、扩展性强等特点，与政府、金融、电商等多个行业都高度契合。利用区块链技术可以在一定程度上创新函证审计应用，构建更为高效率、低成本、高质量的函证模式。

一是提升函证业务的效率。传统方式一般采用邮寄函证或亲自跟函，不仅发函前要对涉及的函证信息进行反复确认，在回函前银行人员也要经过各种审批流转，函证时效性差。利用区块链技术，以数字函证取代纸质函证的模式，实现函证的点对点快速传输，减少邮寄等方式对时效的影响，规范函证业务流程，从而提升函证审计的效率。

二是降低函证工作成本。以数字函证取代传统的纸质函证，推进审计底稿无纸化进程，并进一步节省纸张、打印、邮寄、现场函证等物流资源消耗。通过改善银行函证流程，提高函证业务运转效率，降低人力成本。

三是保证函证数据的可靠性。区块链技术所具有的信息无法篡改、痕迹可以溯源的特征，一旦函证信息经过验证并添加至区块链，便会永久性的保存，会计师事务所、被审计单位、银行等任何一方不可违规操作修改数据，全流程公开透明，规避徇私舞弊、造假与篡改的风险。

四是统一函证服务标准。函证平台为银行、会计师事务所及被审计企业等各参与方提供统一接入业务路由器的功能，各方无须再各自建设业务系统。相关行业组织的接入，能在业务、服务、技术标准等方面提供监督指导，提供标准统一、符合监管要求的数字函证服务。

五是推进函证领域治理和监管，促进流程规范。通过基于区块链的数字函证平台，相关监管部门及行业组织可进一步加强函证业务的监管和自律。监管广度可覆盖函证业务往来的各方机构，监管深度可涉及每笔函证业务，对于提高金融服务效率、维护金融市场秩序、防范金融市场风险、降低实体经济融资成本、保护投资者利益都具有重要的意义。

作为专注于面向监管科技的区块链底层核心技术研发企业，博雅正链在2019年承接了人民银行营管部金融科技应用试点项目，利用人工智能、区块链以及多方安全计算技术，对全国互联网金融登记披露服务平台进行升级，在保证数据安全的前提下，加强了监管部门、行业组织和从业机构之间的信息的安全共享，从而增强了金融监管的专业性、统一性和穿透性，实现穿透式监管和可信披露。截至2019年12月，基于区块链技术，平台已经存证数百亿条借贷合同。

2020年8月，博雅正链基于RegChain，为数字函证平台提供底层区块链技术支持，与中互金协会、厦门银行、重庆富民银行共同参与了人民银行重庆营管部首批金融科技创新监管试点应用建设。通过在银行、中互金协会和相关行业组织之间构建联盟链，将函证业务数据经过区块链多方共识后完成上链存证和流转，实现链上函证数据的安全可控和可信共享。通过将函证数字化，将传统的线下纸质函证实现线上、链上处理，可大幅度提升函证处理效率，有效降低函证过程中的成本，并且充分发挥了区块链分布式、防篡改、可追溯的技术优势，确保函证的准确性、可靠性和安全性，推动了“防假保真”的有效落地，提升了中小企业财务信息透明度和可靠度，为优化营商环境和缓解中小企业融资难融资贵的问题提供有效支持。同时增强了金融监管的专业性、统一性和穿透性，有助于构建实时自动化监管新模式，有助于提升主动性、预测性及系统性金融风险的监测能力，有助于构建嵌入式、持续化的金融监管机制，有助于加强金融监管统筹和信息共享。

洗钱团伙识别解决方案——慧安金科

半监督学习技术解决数据小样本问题

机器学习（Machine Learning）是研究计算机怎样模拟或实现人类的学习行为，以获取新的知识或技能，重新组织已有的知识结构，使之不断改善自身的性能的学科。机器学习分为有监督学习、无监督学习和半监督学习。其中，有监督学习主要用于数据标注比较丰富、数据表现明显、数据饱和度较高的可疑交易识别和筛选。无监督学习和半监督学习主要用于数据标签较少、数据表现不明显、数据饱和度不高的复杂洗钱交易识别。

但在很多实际问题中，只有少量的带有标签的数据，因为对数据进行标记的代价有时很高。比如在银行交易中，认定的风险账户非常少，同时需要花费业务专家大量的时间，而大量的未标记的数据却很多。也就是说，创建这些大型样本数据集通常需要大量的人力（以手工对样本增添标记），也面临较高的风险（涉及犯罪性数据集）或财务费用（用于雇用标记标注者或构建在特定领域收集数据所需的基础设施）。然而对于许多实际问题和应用程序来说，没有足够的资源来创建足够大的标记数据集，就限制了深度学习技术的广泛采用。也正因为如此，从另一个角度来看，这就促使能同时利用标记样本和未标记样本的半监督机器学习技术迅速发展起来。

无监督和半监督学习应用过程中主要的技术手段是基于拓扑学的图分析和聚类，行业经验和对算法的深度理解对机器学习效果影响较大。半监督学习更适用于异常关联和异常交易识别，对地下黑产、洗钱犯罪集团、复杂网络洗钱具有较好的可识别性和可解释性。

半监督主动式机器学习可疑交易识别模型，是在少量标签的场景下建模，使用海量的无标签账户数据，融合反洗钱专家的知识和经验，充分利用行为数据和少量特征标签，通过图分析、聚类、关联分析等技术手段识别出状态和行为关联性很强的团伙账户，综合团伙的异常性和标签的传播性进行分类和检测，将洗钱账户和正常账户完美地分开，有效识别出复杂洗钱交易和洗钱犯罪集团。并且模型可以自动学习未知洗钱模式，自适应于不断变化的环境，生成可视化模型的决策结果和可解释的分析报告，有助于业务人员理解决策理由。其主动式迭代技术，能够不断学习新的核查反馈、未知洗钱模式，自动追踪狡猾多变的洗钱手段，对抗恶意对手的故意干扰，使得洗钱分子对模型的规避变得困难和昂贵。在复杂洗钱交易网络和有组织洗钱犯罪领域，基于图分析、结合聚类及分类的半监督主动式机器学习正在成为探索技术之一。

破解传统反洗钱难题——基于人工智能的洗钱网络团伙识别模型

传统反洗钱工作面临巨大挑战

随着电信诈骗、贪污腐败、非法融资、走私贩毒甚至恐怖活动等犯罪行为的日益猖獗，洗钱对金融机构和国家安全构成越来越严重的威胁。联合国有关报告显示：金融领域洗钱犯罪占了全球生产总值的2%～5%，每年涉及的资金超过2万亿美元。目前国际上的反洗钱（AML）规则只能抓住不到1%的非法现金流转。全球各大银行花费在AML合规上的费用超过千亿美元，其中，美国每年用在反洗钱上的资金投入就超过了500亿美元。

从2018年开始，反洗钱监管已成为中国金融监管的重要内容。人民银行自2018年7月起陆续公开发布了4份相关文件，要求各类金融机构进行全流程反洗钱工作，强化客户及其受益人的身份识别管理。2018 年 10 月 26 日，银保监会起草了《银行业金融机构反洗钱和反恐怖融资管理办法（征求意见稿）》，要求银行业金融机构应按规定建立健全和执行客户身份识别制度。人民银行和银保监会有关反洗钱相关监管文件发布频率的增加，预示着反洗钱监管工作进入了一个不同的阶段。尽管反洗钱工作已经受到了各方政府和金融机构的高度关注，但洗钱风险管理不断面临新技术、新产品、新渠道的挑战。

第一，当前以规则为主的反洗钱系统应逐渐向实质有效转变。商业银行经过多年实践，基本上都已达到合规要求。银行反洗钱可疑交易主要识别方式是基于规则进行过滤，即基于业务的理解以风险偏好为主，每天对海量交易进行规则过滤，生成基于账户的可疑交易包，再安排反洗钱业务人员进行复核，挑选出确定的可疑交易进行上报。

但通常商业银行规则系统检测的可疑交易案宗数量巨大，大量可疑交易数据需要一线业务人员复核。在案宗分配方面，规则系统一般是将可疑案宗随机分配给审核专家，并不能根据审核人员的能力水平及可疑案宗的难易程度进行审核分配，未能实现审核资源最佳配置，工作效率和工作质量方面有待进一步提高。

第二，当前的反洗钱监测系统应向控制实质风险转变。洗钱团伙更加难以识别，且对商业银行基于规则引擎的反洗钱手段非常了解。它们通常会通过海量交易账号、复杂交易手段、投资贸易、赌博、艺术品拍卖等非金融手段来掩盖其洗钱交易行为，在操作方式上往往采用多重身份、大量账号、低频交易、复杂交易路径、混于正常交易之中等方式来避开可疑交易规则筛查。

例如，规则引擎难以对隐藏在正常贸易交易和低频转账交易中的可疑行为进行有效识别，导致上报可疑交易账户占比例较大的是单独账户，而不是团伙案宗，这与洗钱犯罪的主要特征团伙犯罪不太相符，也是目前银行反洗钱工作面临的挑战之一。

同时支付手段和金融产品的持续创新，令商业银行反洗钱工作所面临的挑战愈发严峻。例如电子银行具有转账速度快、业务办理方便等特点，因而经常被犯罪分子使用；微信、支付宝等第三方支付方式的出现，又使得洗钱的渠道更加拓宽，洗钱方式也随之改变；区块链、虚拟货币的发展，由于其具有去中心化、匿名性等特点，已成为新的洗钱工具。由于这些支付工具及产品普遍具有隐蔽性强、低廉高效等特征，所以给了犯罪分子广泛的空间，甚至形成新的洗钱手法。

第三，反洗钱部门缺少相应的智能决策支持系统。商业银行需运用金融科技等智能手段进一步提升反洗钱工作的意识和能力。洗钱犯罪是一种智力型、隐蔽型犯罪，因此防范和遏制洗钱行为不仅要求金融机构完善各项规章制度及积极进行反洗钱立法，还要有能够有效识别洗钱风险的监测体系，同时还需要有精通法律、金融、计算机、税务、外语等专业知识，且具有反洗钱经验的复合型人才。

人工智能反洗钱解决方案提供新思路

面对洗钱手段的复杂性和多变性，金融机构需适应新的技术手段，利用人工智能等金融科技技术赋能洗钱风险防范和管控，为反洗钱相关部门提供由人工智能机器学习算法驱动的反洗钱决策支持，有效降低规则系统的局限性，减少反洗钱业务人员审核压力，提高反洗钱工作的效率和效能，切实提高机构洗钱风险防控能力。

人工智能反洗钱是金融科技与监管业务融合的一个非常重要且具有代表性的场景。在实际反洗钱可疑交易识别工作中，目前机构主要采用基于传统规则模式的反洗钱系统，具有较大的局限性：一是规则系统主要利用专家经验，更多地从账户个体、单笔交易去进行筛查，识别洗钱网络团伙的难度非常高；二是规则系统筛选出初步认定为洗钱风险交易客户，数量巨大、解释性差，对于隐藏的洗钱客户或者低频的洗钱客户难以识别，存在巨大的安全隐患；三是案件调查需要大量的人力、物力，随着业务量的增长，合规成本也大幅上升。可以说，基于传统规则模式的反洗钱系统可以筛选出一部分初步判断有洗钱风险的交易，然后进行人工审核、上报，但往往检测模型误报率很高，排查上报过程中浪费了大量的人力物力，因此需要兼顾合规性和有效性。

针对复杂的洗钱网络团伙，慧安金科的方案目标为建设一个洗钱网络团伙识别模型，开发配套程序，使模型上线并与银行现有生产系统协同运行，通过批量方式对银行账户进行甄别，识别出洗钱网络团伙。

基于半监督学习的洗钱网络团伙识别模型，将账户交易数据生成特定的关联网络图。在网络图的基础上借助于数据挖掘技术，对金融交易、账户群体数据进行关联分析和时间序列分析等挖掘处理；使用图挖掘中的基础算法，通过对网络信息的深度挖掘，能够主动寻找到一些模式化的异常交易关联子图，结合各种复杂网络算法，形成适合于洗钱团伙识别的新算法来进行异常团伙发现；最后，模型识别结果进入前端可视化展现，结合更多的专家经验，不断迭代更新反洗钱模型，以识别出更多的洗钱团伙。

整体架构主要分为数据处理、团伙识别、团伙展示。

数据处理：利用银行丰富的账户信息、交易流水、行为操作日志等数据，依托大数据平台处理数据，进行多纬度的个体特征及关联特征提取分析。

团伙识别：以自主研发的半监督主动式机器学习技术为核心，融合图分析、分类和聚类等算法优点，进行用户行为和关联的建模，识别出洗钱可疑团伙。

团伙展示：前端可视化采用点边结合的方式，直观地对团伙进行展示，便于核查人员核查反馈。

慧安金科的反洗钱网络引擎借助于数据挖掘技术，对金融交易、账户群体数据进行分类分析、聚类分析、关联分析和时间序列分析等挖掘处理；结合复杂网络算法，输出最终认为可疑的洗钱团伙，同时对识别结果进行前端可视化展现，使团伙更加直观形象，解释性更强，从而提高审核效率。监控服务则对数据处理任务和网络检测引擎的运行过程进行监控，收集输入数据指标及任务相关指标信息，当监测到指标发生异常时，通过行方提供的短信和邮件报警接口发出报警信号。

在进行洗钱团伙识别过程中，慧安金科采用主动式机器学习分析数以亿计的账户信息和事件行为日志，从成千上万的特征上进行全方位行为和关联建模，以识别账户之间的不正常行为和关联异常，寻找可疑的相关性。模型使用图挖掘中的基础算法，通过对网络信息的深度挖掘，能够主动寻找到一些模式化的异常交易结构，也可称为异常交易连通子图。主要与洗钱团伙相关的连通子图如图 6－12 所示。

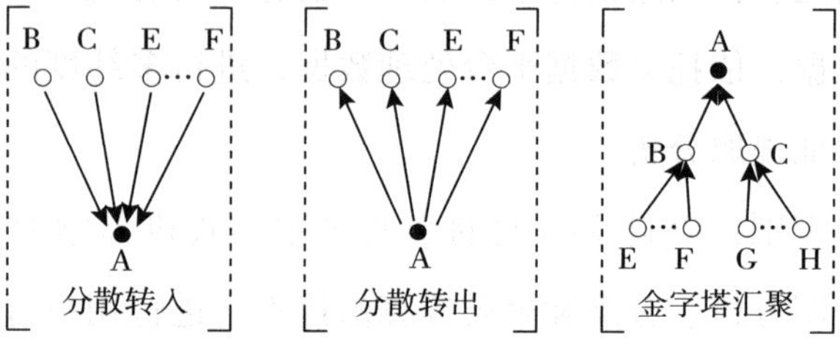

图 6－12　异常交易结构

同时利用少量的已有标签数据，结合无监督和有监督机器学习的优点，通过标签传播、图聚类等方法，从关联图谱中自动发现群聚社区、可疑团伙。

对于金融这种社交属性很弱的场景来说，聚集往往意味着风险。模型正是通过聚类分析、关联分析、图计算等技术寻找一切可疑的相关性，识别出可疑的洗钱团伙。在前端团伙可视化系统中，则采用点边结合的方式，直观地对团伙进行展示，便于核查人员核查反馈，结合专家经验，不断迭代更新反洗钱模型，实现“人机结合”。

案例

慧安金科打造智慧风控新模式

慧安金科与某股份制商业银行合作的洗钱账户风险智能检测系统，是国内金融业首创将半监督机器学习技术应用于预测银行卡犯罪、洗钱团伙风险中，颠覆了传统的事后风控模式，使控制措施向事前转移，实现了在银行卡开卡阶段（未发生洗钱交易前），基于客户开户、网银操作等行为，利用图聚类和半监督机器学习技术，提前检测洗钱操控团伙和账户、银行卡倒卖团伙和账户，人机协作防范洗钱犯罪、银行卡犯罪，提升风险防控效率、降低银行合规风险。

在银行卡风险防范领域，银行长期处于较为被动的地位，主要依靠交易反洗钱模型等方式进行事后核查及管控。该系统引入国际领先的基于拓扑学原理的半监督机器学习技术，综合分析大量用户行为数据，融入业务专家经验，预警异常洗钱团伙，集中操控异常团伙及客户，人机合作颠覆事后核查的传统模式。

该系统主要采用了如下设计逻辑。一是基于数亿条开户信息、账户操作日志、事件日志等，参考少量黑样本标签，进行半监督模型的数据特征设计，创建几十万数据维度特征。二是将数据特征导入半监督机器学习模型，基于图聚类结果多次优化，过滤正常关联关系、发现隐藏关联关系、突出异常关联关系，反复进行图分析和图聚类，生成万张关联图。三是不假设风险特征，基于异常行为和标签传播进行社区发现，寻找洗钱团伙、倒卖银行卡团伙的可疑相关性，完成预测。

此外，风险引擎作为该系统的核心部分，主要采用了两种类型。

第一种是零售账户高危业务风险引擎。通过使用活跃用户的数据、中止标签、专家业务经验，利用半监督主动式机器学习技术，产生具有高危业务风险的关联团。业务价值主要体现在两个方面：一是可以发现洗钱团伙、倒卖银行卡团伙；二是可对潜伏的洗钱、倒卖银行卡团伙进行预测。第二种是零售账户集中操控评分引擎。使用有监督技术对基于半监督技术聚类的没有明显业务风险的团伙（具有集中操控特征，但暂未呈现出明显的业务风险）进行风险评分，输出风险较高的团伙账户，进行人工核验和干预，进一步加强客户身份识别。

此项目开创了“人机协作”智慧风控新模式。通过与银行自行开发的运营风险智控平台实现对接，生成项目风险报告，呈现具体风险特征，自动推送至业务人员，从而便于业务专家快速开展调查处理并采取防控措施。可以说，洗钱账户风险智能检测系统的实施，在降低银行合规风险的同时，大幅提升了整体风险防控效率，筑牢银行风险防线。

项目上线 5 个月以来，自动处理了 380 万个活动客户的 414 万个账户，分析账户特征百余个，自动生成风险报告，累计预警风险团伙 24 个，涉及 93 个客户账户。诸如交易时间或交易地址集中、交易对手相同、同一地址短时间登录多个账户、家庭住址雷同、手机号码雷同、密码频繁修改等，风险呈现多样性特点，集中操控账户的特征突出。经分支行业务专家辅助核定后，对 66 个风险预警账户实施了管控，当前风险预警准确率达 71%。

总体来看，此项目的实施，改变了传统的以人工核查为主的事后风控模式，突破了防范银行卡犯罪领域主要依赖交易反洗钱模型的局限，加强识别洗钱、倒卖银行卡等团伙犯罪。领先的半监督机器学习技术与银行风控场景结合，将事后管控向事前转移，聚焦客户行为分析，完成客户风险识别，创新性地探索在客户发生洗钱交易前对风险客户实施预警和管控。

慧安金科的洗钱网络引擎利用半监督自动学习技术，在我国金融反洗钱领域得到了较好的应用，主要体现在如下方面。

提升有效性，弥补当前系统的不足。当前反洗钱以传统规则系统为主，以及部分少量有监督机器学习模型作为补充，规则系统属于专家经验的应用，而有监督学习模型则对数据样本要求较高，这两者各有缺陷。半监督主动式机器学习技术算法融合了聚类分析、关联分析、图计算等技术，可以在不依赖标签数据的情况下，使用异常检测的技术，直接从关联关系、社交网络进行团伙异常检测；同时该算法模型可以利用少量洗钱标签，将图的关系结构信息和客户本身的交易行为相结合，精准地识别出隐藏在海量正常客户中的狡猾洗钱分子。总体来说，洗钱网络团伙识别方案可以作为规则系统和有监督学习的互补方案，补齐原有反洗钱系统有效性不足的短板。

利用新技术提高反洗钱覆盖率，整体提高反洗钱能力。当前银行的反洗钱系统还是以个案为主，如判断一笔交易或者一个账户的洗钱风险，对威胁更高的团伙性欺诈识别、防控不足。团伙洗钱一般涉及多个银行账号、客户和设备协同作案，从单笔申请、交易或者单个账户视角并不能看出任何风险，但是在建立多维度、多属性关联关系后，欺诈团伙往往呈现出明显的异常关联团伙属性，并且该团伙中有一部分客户可能处于潜伏状态，还没有体现出来明显的洗钱行为，是传统的规则系统和有监督模型难以检测出来的。基于半监督的洗钱网络检测模型，使用图关联挖掘和网络分析来发现未被传统规则识别的高风险洗钱团伙，一方面可以提前预警潜伏、隐藏且狡猾的洗钱客户，为客户的洗钱风险评级提供更多的依据，为反洗钱中的 KYC（客户身份识别）工作提供巨大的价值；另一方面可以检测专业团伙的协同洗钱作案，防范群体性攻击风险，降低金融业务工作中的系统性风险。

解释性更强，大幅提高人工审核效率。结合点边形式的前端展示，可以清晰地看到团伙的关联关系，并且配有团伙特征描述，比如涉嫌操纵账户、中间过渡、账户资金汇聚发散等，使模型结果的解释性更强。过去按单个个体审核，现在相同的时间审核团伙多个成员，能直接提高人工复核效率。

让数据“可用不滥用”

目前，监管科技正在被广泛运用于金融监管。在金融科技大发展的背景下，监管科技拥有广阔的发展前景，各监管科技服务机构等生态参与者有望开拓一片新的蓝海。

提供基于数据安全共享的监管科技解决方案

数据共享是监管科技运用的基础，目前金融行业尚未形成完整的数据价值链，各主体之间数据共享机制、API 尚未统一，难以形成系统间的数据流动。另外，在数据共享过程中，如何防止个人隐私泄露、保障数据安全，使得数据可用不滥用成为监管科技服务公司提供监管科技解决方案时需要重点考虑的问题之一。

一方面，保证技术的安全可控。监管科技创新的核心在于技术的创新，监管科技企业应该积极应用适合自身发展的核心技术，加大生物识别、密码、安全技术的研发使用，提高数据使用的保密性、完整性、可用性，推进技术能力“向善”，提升金融技术的安全可控水平。另一方面，积极运用新技术强化“事前－事中－事后”的全流程展业合规和反洗钱能力建设，加强技术的全流程赋能。一是强化“事前”调查，通过人工智能、大数据分析等技术动态感知金融科技应用风险，实现全方位、多渠道的信息有机整合和交互，从多种数据来源综合预判风险趋势和潜在隐患，进行差异化、精细化的风险预警，满足反洗钱等合规监管要求；二是强化“事中”控制，建立具有全、快、准、统一、共享、便捷等特征的分布式数据分析平台，赋能金融机构中台建设，助力金融机构把数据智能等能力嵌入业务流程之中，解决数据割裂、难复用、使用难等问题；三是强化“事后”管理，提升金融机构运用新技术建立安全云灾备平台、数据库审计系统、可控匿名机制等事后风险追踪手段的能力，避免数据泄露等问题。

加强区块链技术在监管科技中的应用

近年来，金融机构的合规成本呈不断上升的趋势，面对不断变化的监管要求，银行等金融机构所背负的合规成本、人力成本等额外成本日益沉重。但合规成本大幅增长的同时并没有带来监管有效性的大幅提升，造成了金融资源的极度浪费，这是由于金融机构与监管机构之间存在着信息不对称等问题。区块链技术的防篡改、共识机制等特性很适合应用于监管科技，有利于整合监管的基础设施，帮助监管当局提供实时可靠的交易状态，有效提升信息的透明度。

目前，区块链技术在金融监管领域得到进一步开发与运用，应进一步加强区块链技术在 AML（反洗钱调查）和 KYC 中的应用空间拓展。在 AML 方面，将区块链技术引入金融机构日常身份登记验证、金额交易及检测审计环节中，开发出 AML 监控相应应用场景，通过对客户的一个或多个金融风险场景进行分析并生成报告，不仅可以给出该账户是否参与犯罪，而且可以生成金融风险评价报告，提高金融机构反洗钱风险防控能力，实现监管规则的数字化、自动化和智能化。在 KYC 方面，加强区块链技术在虚拟身份认定和鉴别中的应用，通过区块链技术，为个人建立一个不可篡改的虚拟身份，不同金融机构可以近乎零成本迅速获取客户的真实信息和验证结果，大大降低 KYC 的时间等成本。

第七章

数字普惠金融：瞄准农村数字普惠金融的“蓝海”市场

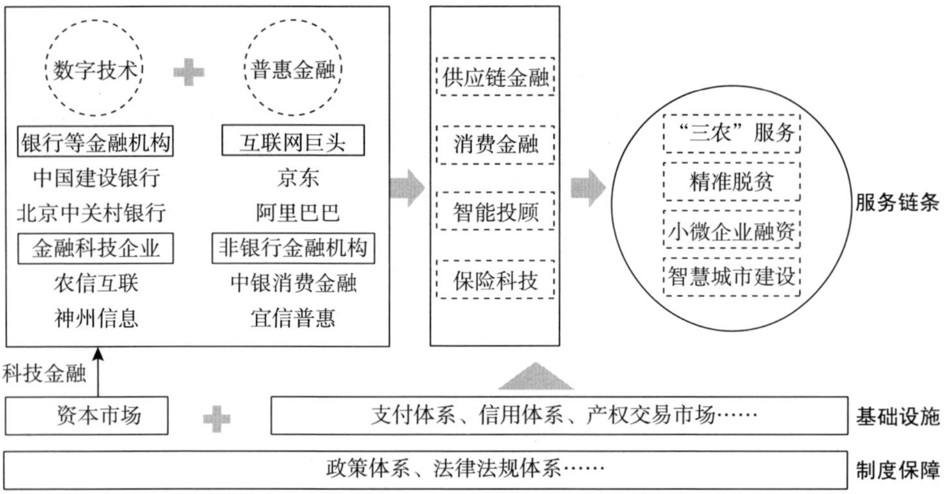

数字普惠金融产业生态图

近年来，我国普惠金融快速发展，政府也制定了相关政策积极推动，普惠金融体系正在逐步建立。但是，传统的普惠金融体系由于渠道有限、创新乏力、可持续性差等问题，很难再有新的突破。随着移动互联网、人工智能等技术的快速发展，数字普惠金融被提上发展日程。数字普惠金融是金融科技与普惠金融深度融合的产物，也是科技创新金融的突出表现。数字普惠金融能够将大数据、人工智能等前沿科技运用于普惠金融领域，缔造全新的普惠金融发展模式。

目前，我国的数字普惠金融已经形成以银行、非银行金融机构、互联网巨头、金融科技企业等为服务主体，以“三农”服务、精准脱贫、小微企业融资和智慧城市建设等为服务对象，以支付体系、信用体系、产权交易市场、资本市场等为基础设施，以政策体系、法律法规体系等为制度保障的生态系统。同时，呈现出服务主体多元、服务覆盖面较广、移动互联网支付使用率较高的特点。但其发展仍处于初级阶段，农村金融仍是我国金融体系中最薄弱的环节，需要数字技术的助力以改善农村金融服务现状。2021 年中央一号文件明确指出，要发展农村数字普惠金融。接下来我们以农信互联、神州信息为例，介绍数字普惠金融在服务“三农”方面的突出实践。

“数据 + 电商 + 金融”如何为农业发展“造血”——农信互联

农村金融急需“新鲜血液”的注入

“三农”问题是我国城镇化建设中面临的关键问题。农村金融是推动农村发展的重要因素，是农村经济运行的中心。但是目前，农村金融存在服务缺失、服务效率低等问题，严重制约了农村的发展。

一是农村金融机构供给不完善。当前，在我国农村金融供给主体中，正规金融机构主要由农村政策性金融机构、农村商业性金融机构、农村合作金融机构和新型农村金融机构等共同组成。在农村金融供给侧结构性改革的进程中，村镇银行、贷款公司、合规资金互助等新型农村金融机构的出现，填补了农村金融机构的空白，但是现有的农村金融服务在期限、场景、类型等各方面仍然不能完全匹配农村金融需求，农村金融存在供不应求的情况。

二是农村金融服务效率低。商业银行在机构设置上实行一级法人治理，原来的农村信用社变成农商行以后，由分散经营转向集约化经营。但是对于大额资金的使用，县级机构没有审批权，导致资金审批程序烦琐。同时，商业银行担保抵押贷款条件严苛，涉农小微企业、小商业和山区农户很难获得信贷支持。

“数据 + 电商 + 金融”为农业插上金融的翅膀

上述问题的根本原因在于农村金融市场信息不对称，农村金融机构无法根据农村客户群体的需求，精准匹配金融服务，急需通过大数据、人工智能等新技术的应用精准刻画农村用户画像，并提高农村金融的风控效率。为此，农信互联利用特有的农业数据资源及经验，建立了一套“三位一体”的金融科技解决方案，该金融科技解决方案搭建了“数据 + 电商 + 金融”为底层的农业数字生态平台，助力金融机构了解农业客户，通过人工智能、物联网等科技手段，多维度向金融机构展现客户信息及特征，降低金融机构风险，增加数据源获取渠道。

平台架构

1. “农信数据”

“农信数据”利用互联网、物联网、云计算、大数据、人工智能及现代先进的管理理念，为涉农企业及农户打造农业智慧管理平台。

农信互联旨在服务产业链条上的生产企业、养殖户、经销商、贸易商、屠宰户，让各方摆脱长久以来的生产困难。作为生产企业和养殖户，长期被经营成本高、原料/销售成本高、金融资源匮乏所困扰；作为经销商、贸易商和屠宰户，长期被交易成本高、交易不规范、信息不对称所困扰。“农信数据”通过在猪相关产业设计猪联网，包括猪管理、猪交易、猪金融，满足用户全方位生产需求，围绕活跃猪头数据，可以从金融切入，带动猪场，最终积累更多的猪场用户。猪场有了规模效应，可以发挥集采优势，形成交易回路。同时，农信互联复制成功经验，从猪联网到 X 联网，包括田联网、渔联网、蛋联网、柑橘网等，形成农信数据云、农信商城、农信金融三位一体的综合服务，打造农业互联网生态圈。

2. “农信商城”

“农信商城”集成国家生猪市场、渔联网、田联网、蛋联网、畜牧市场多个板块，通过农信云 SaaS 服务，积累大数据资源，建立产业闭环交易平台，解决交易链条过长、产品品质无法保证、交易成本居高不下、交易体验差等问题。同时，“农信商城”通过做大农信商城交易平台，为农信金融提供服务场景支撑。

3. “农信金服”

“农信金服”以上述农信数据、农信商城积累的大数据为基础，依托自主开发的资信模型，形成一个普惠制的、可持续的产融结合及金融科技新体系，涵盖贷款、保险、理财、保理、融资租赁等多种金融服务。

目前，农信互联已拥有多张牌照，包括全国唯一资质、由农业部颁发的国家生猪市场牌照，互联网小贷，保险经纪，商业保理，融资租赁，无车承运人，是公司开展生猪交易、贷款、保险等金融业务的前提条件和重要保障。详见表7－1。

表7－1　农信互联金融牌照持有情况

类型	时间	公司主体	注册资本
互联网小贷	2015年3月	北京农信小额贷款有限公司	2亿元
商业保理	2017年12月	农信（厦门）商业保理有限责任公司	5 000万元
保险经纪	2017年7月	农信保险经纪有限公司	5 000万元

此外，公司设立专门的金融技术中心和运营中心，利用公司通过软件服务和推广人员获取的生产数据和电商平台积累的交易数据，并融合第三方数据自主开发了专门服务于“三农”的金融风控模型，确保公司的每一笔金融业务都有据可依。公司的结算支付能力较强，联合北京中关村银行、银联商务、银华基金等优势资源为客户提供多种支付渠道。

公司的金融平台有完善的用户数据安全保密机制，平台的开发基于分布式架构，所有业务可独立运行；采用MVC框架开发，对外公共RESTful微服务接口；基于Dubbo RPC框架，可提高业务调用效率；全站基于https证书加密，保证信息传输的安全性，敏感数据基于加密系统RSA及3DES算法加密，保证单一数据泄露不可破解。

技术基础

农信互联已投资3 000余万元建设企业级数据中心，包含物理服务器及网络设备超300台（套），基础设施齐全，可保障平台用户并发数量达3 000；平均响应时间0.5秒，峰值响应时间小于3秒；QPS（每秒查询率，TPS）为2 000；日吞吐量5 000万；数据存储量10T/年。平台可满足7×24小时高可用，整体业务服务可用率达99.95%，秒级部署，混合云集群，提供高可用的服务，部分业务已转到容器化部署。可实现负载均衡，根据业务量增长需要，相应的增加服务器，实现扩展，大数据平台日处理关系数据和非关系数据达到10G以上。公司已形成了完整的研发体系，具有较为坚实的技术基础和技术储备。

1. 云计算

农信互联云计算技术部署先进的SOA服务架构体系，凭借其松耦合的特性，使得平台可以按照模块化的方式来添加新服务或更新现有服务，以解决新的业务需要，提供选择，从而可以通过不同的渠道提供服务，并可以把平台现有的或已有的应用作为服务，从而保护了现有的开发成果。

2. 大数据

通过利用Hadoop等开源技术，搭建大数据离线处理系统，将数据挖掘系统中需要巨大计算能力的各个模块的计算和存储要求扩展到 Hadoop 集群中的各个节点上，利用集群的并行计算能力和扩展能力来进行相关数据离线的挖掘工作。利用 HDFS 的文件分布式存储能力及 MapReduce 的分析和统计处理能力，对海量级数据分别是分关系型行为数据进行离线数据分析，将分析的结果存储到 HBase 数据平台上，对上层业务的支持通过接口直接透明地调用底层的计算和存储能力，自顶向下，每层都透明地调用下层的接口。最顶层为交互层，用于用户和系统之间的交互；中间为业务层，是整个系统的核心，提供各种业务逻辑的处理以及基础计算框架；最底层为存储层，为整个系统提供分布式的存储。采用 J2EE 技术的开发框架进行业务服务平台开发；基于 SOA 的架构方式，快速开发和迭代，大量使用开源中间件，如缓存（Redis）、消息队列（RabbitMQ）、RPC（http/Dubbo）等高可用、文档中间件，快速完成模块之间的数据调用。大数据服务平台根据农牧行业大数据结构变化自动生成报告，方便对大数据模型进行相应调整，评价相关影响，为大数据的数据模型提供灵活健壮的自动化运维基础。针对各业务推出相应的指标体系，方便各业务系统随时了解各平台运营指标、业务推进效果，透过业务数据看到业务的本质。

3. 人工智能

针对农牧行业种养殖技术水平落后这一问题，农信互联通过物联网、云计算、大数据等技术无缝集成智能种养殖设备，包括环境传感器、数据传输器、视频监控设备等，实时监控生产状况和设备运行状态，并根据智能逻辑设置和环境变化，让设备自动、智能运行，且可及时预警异常状况。此外，就生猪领域而言，公司通过智能监测设备（无线 B 超、电子耳标、电子笔等）的使用，实现生猪生理数据、日常饲喂数据等的自动化采集和实时生产力分析、毛利分析、成本分析等。生猪智能养殖是公司探索人工智能应用于农牧行业的重要举措，未来将继续推进人工智能与传统农牧行业的深度融合。

4. 信息安全

农信互联采用多重安全保障机制保证用户网络和数据的安全和加密：通过 SDN（软件定义网络）技术实现 100% 二层网络隔离；通过机器人社区保障运维，实现故障无害化；数据多重实时副本，异地副本容灾；实现磁盘在线备份，随时回滚及网页 Console 图形化部署、管理与监控；用户核心数据采用高强度双向加密传输，防止传输数据被泄露或篡改；敏感数据加密错误，授权访问，对敏感数据进行隔离独立加密存储服务，对需要的应用授权开放使用；通过 WAF（Web 应用防护系统）、防火墙及防攻击机制，可避免 XSS、CSRF 等常见的网络攻击。

在知识产权方面，农信互联有较强的研发和知识产权保护意识，已申请发明专利 33 项，其中获得受理的发明专利 17 项，已授权发明专利 5 项，实用新型授权 3 项，软件著作权 33 项。

核心数据来源

在自主研发的企业数字化升级核心引擎“企联网”的基础上，农信互联打造了生猪产业数字生态平台“猪联网”，并将数字生态平台逐步复制到农业产业上下游。针对养殖企业，农信互联提供的信息获取与控制设备包括养殖载体内外的环境信息采集、栋舍内部环境调控、自动饲喂、视频监控等；网络传输与云平台包括养殖基地内的低功耗自组无线传感网络和移动互联网。

针对农业产业主体，农信互联通过智能设备收集单个授信主体的相关生产、流通数据，与自主搭建的产业数字化生态平台数据相互打通，以高性能的数据存储介质建立数据仓库，针对单个授信主体，形成多方位、多维度的数据信息，以分散、多副本分布式存储在云系统内，通过对云平台数据进行划分、清洗、重组等，自动生成有针对性的数据报告，并结合相关授信原则，形成针对每个主体的“农信度”。

平台功能

1. 农业客户风控引擎

农信互联的大数据风控引擎，建立了反欺诈、客户申请分层、违约损失预估、行为监控等一系列数据模型，为金融机构提供预授信客户的信用风险等级、授信额度评估、异常交易监控、异常经营监控等全流程服务（见图 7－1）。

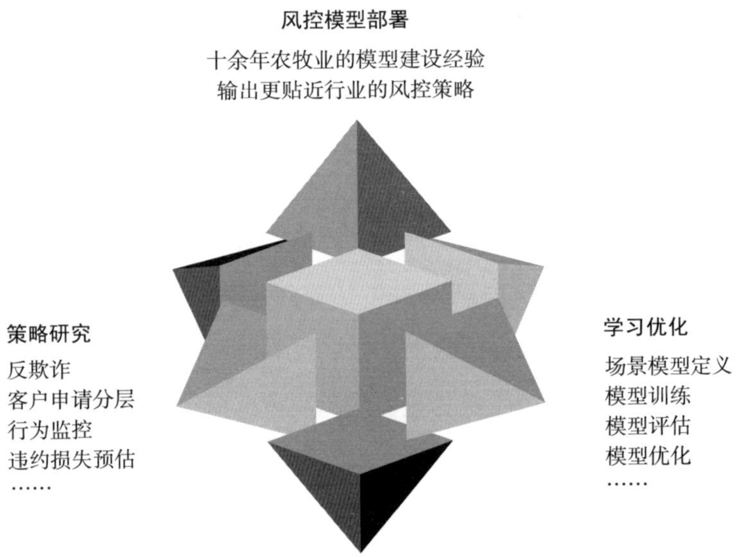

图7－1 风控引擎示意

同时，农信互联在农业领域深耕十多年，沉淀了海量的涉农产业数据，自身的大数据风控引擎也在不断地学习、训练与修正中持续迭代，对农业客户在多个维度的模型审查准确度已处于行业领先水平。

2. 交易场景监控

农信商城、国家生猪市场是农信互联的线上交易板块，农信互联的智慧金融管理平台可对授信客户的收款方做控制，授信额度循环释放与使用，对于带有“小额高频”特征的农业客户授信，可以有效控制授信客户的贷款用途、支付金额、支付对象，防止资金挪作他用。同时，行为监控模型还可以防范恶意刷单、异常大额交易等情况，从系统源头杜绝授信客户有可能的道德风险（见图7－2）。

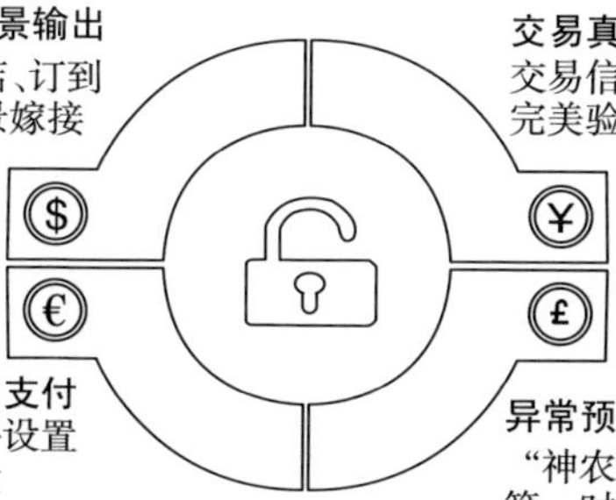

图7－2　交易场景监控示意

3. 贷后经营监控

农信互联金融科技的经营监控服务，可以向银行提供单个养户的猪场的成本数据（如饲料、动保、疫苗等的采购成本，管理成本等）、养殖能力数据［如PSY（每头母猪每年所能提供的断奶仔猪头数）/MSY（每年每头母猪出栏肥猪头数）、分娩率、成活率、死淘率等］、猪只销售数据、猪只保险覆盖情况（应激反应保险、生猪价格保险、活体运输保险、重大疫病扑杀补偿保险等）、养殖现场视频监控、入栏出栏跟踪、养殖补贴等多方位的数据，帮助银行对授信客户猪场的实际养殖情况做贷后跟踪，实时了解养殖户的经营存续状态（见图7－3和图7－4）。

农信互联向银行开发的大数据可视化管理平台，方便银行实时了解并展示当前所有的授信客户的区域地标、授信使用概况、

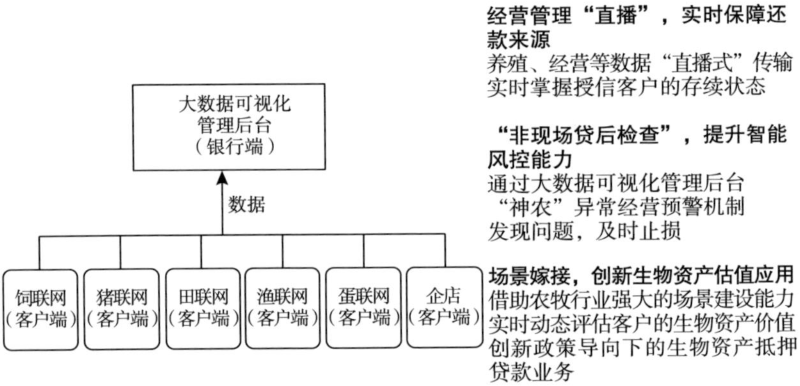

图7－3　贷后经营监控示意

单户养殖产能、单户数据调用等。

4. 资金回收管理

农信互联国家生猪市场是养殖户出售生猪的线上交易场所，养殖户出售生猪的售猪款，将优先结算贷款本息（如养殖户有银行借款）后，再由平台将本息结算后的账款自动划转至养殖户的余额账户，有效控制养殖户的还款源。同时，在养殖户售猪的过程中，农信互联将发挥其平台物流优势，向银行提供猪只运输的实时轨迹情况，活体运输保险也能覆盖运输过程中的风险。

5. 创新"银保合作"解决方案

传统意义上的"银保合作"，是指提倡商业银行与保险机构开发设计以贷款保证保险为风险缓释手段的小额贷款产品。农信互联从产业发展的角度，依托与中国人保等行业头部保险企业的

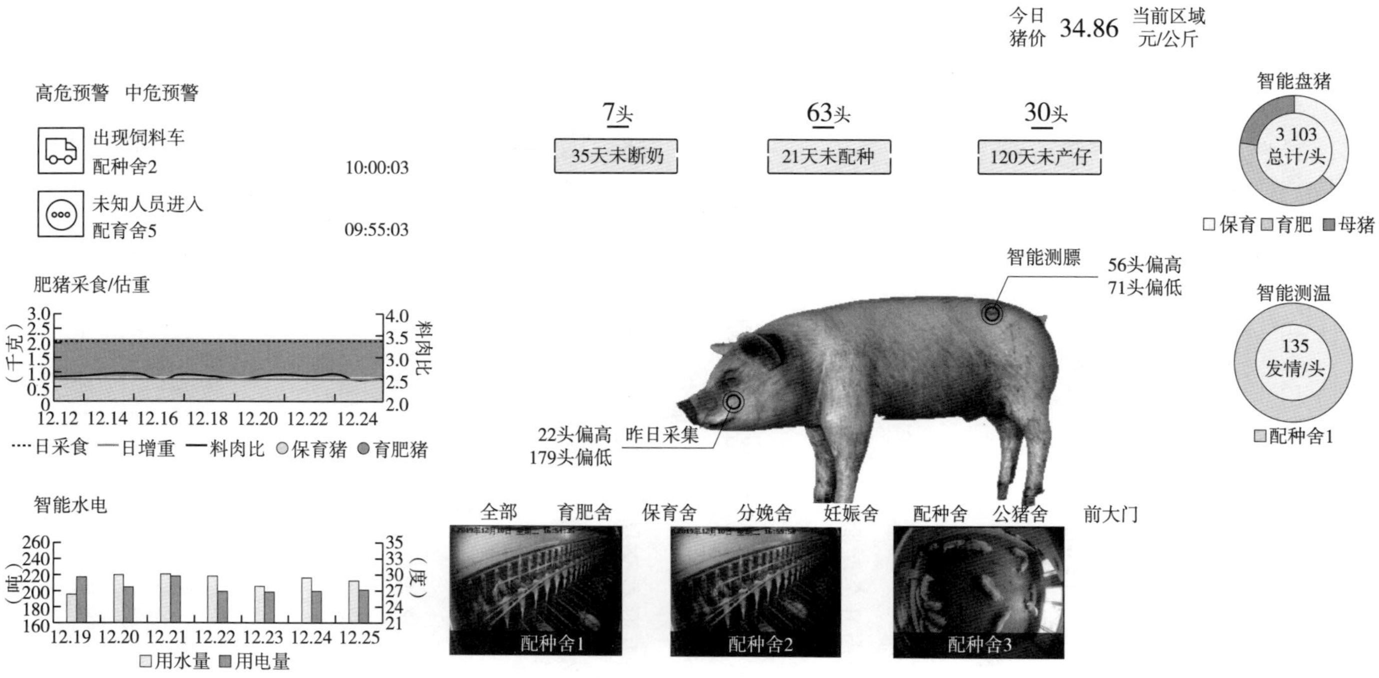

图7–4 大数据监管平台示意

战略合作，推出了围绕“猪的一生”各生长阶段的保险产品（已上市的包括借款人意外险、母猪繁殖能力保险、生猪价格保险、蛋鸡养殖险、重大疫病扑杀补偿保险、生猪运输保险等），在支持农业产业发展的同时，也有力地缓冲了借款人在不利经营条件下的债务违约风险，是一种创新型的“银保合作”模式。

6. 交易银行 +

随着金融科技底层技术的快速发展，“交易银行 +”已成为商业银行提升金融服务、实现业务转型的主流方向。农信互联金融科技业务运用大数据、云管理、物联网等前沿技术，以农业产业链为入口，以交易场景搭建为基础，通过科技赋能，帮助银行打造“交易银行 +”的领先服务模式。

农信互联在交易、管理板块具备成熟的场景建设能力，围绕农业产业链上的参与者，帮助银行快速搭建起发展“交易银行”所需要的现实场景，客户在场景中的交易活动和生产经营均会产生有价值的数据，而数据的沉淀正是交易银行业务能够开展的重要前提，加之银行自身的金融属性和资金管理优势，农信互联助力银行轻松做好“互联网 + 数据 + 金融”的业务发展布局。

案例

农信互联打造银保合作农业普惠金融新模式

邮信贷项目是农信互联与邮储银行北京分行合作的助农项目。农信互联通过运用大数据、人工智能、移动互联网等技术，对“三农”

客户进行多维度画像，科学设计授信模型，向邮储银行精准投放融资需求，邮储银行参照农信互联建议的授信额度向农业客户发放贷款，同时利用农信互联的线上平台完成定向放款，通过农信互联的大数据贷后监控平台进行贷后管理。在此产品中，银行发挥了自身的资金优势，农信互联则充分发挥了行业优势及科技优势，通过产融联合，以移动化、智能化的方式重塑业务模式，改变传统农业信贷业务模式，提高业务效率，实现“三农”领域信贷与金融科技结合。此产品为“三农”领域精准授信、定向用信、智能贷后管理提供全流程解决方案，助力满足“三农”客户在生产经营中的资金需求。截至 2020 年 4 月，邮信贷放款额已达 25 亿元。

同时，农信互联与保险公司合作养殖险智能风控项目。随着大商所“生猪期货”产品的上线，农信互联也在设计更丰富的银保合作产品。农信互联利用“猪小智”智能监控平台及物联网设备，实时监控养殖户生产数据，并配合实时预警功能，嵌入保险的投保、承保、理赔环节，减少投保和理赔环节的人员参与，提高效率；减少养殖人员栏内移动频率，降低疫情传播，使保险公司在养殖险投/承保、理赔过程中提高效率及真实性；通过现货期货联动，降低生物资产价格波动带来的生产损失风险。这是保险行业与银行业在科技应用方面充分结合的创新。

案例

农信互联联合永安期货和

华农财险推出生猪“保险 + 期货”项目

2021 年 1 月，在四川省各级政府的大力支持下，由农信互联平台与永安期货和华农财险共同推动的四川省崇州市生猪“保险+期货”首单正式启动。

该项目为当地重点养殖企业的480头生猪提供价格保障，保险期限为1个月，保障金额为147.3万元，保险产品出单工作顺利完成。在项目中，农信互联为养猪企业与华农财险双方提供生猪价格保险交易平台。农信互联平台上的客户通过平台购买华农财险的生猪价格保险，以降低企业因生猪价格波动带来的风险。

该项目标志着农信互联平台以生猪现货交易为起点，开始积极实践期现结合的交易新模式、新业态，为中国生猪产业稳产保供和产业扶贫创新、产业数字化注入新动能（见图7－5）。

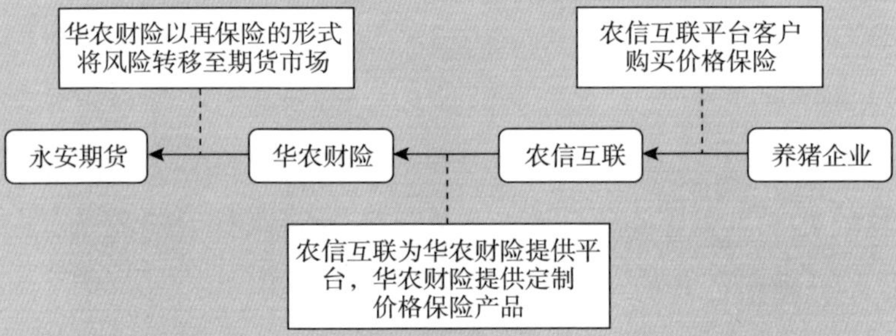

图7－5 “保险＋期货”项目运营流程

生猪价格周期性波动是影响养殖企业（养殖户）收益以及整个生猪养殖产业发展的主要因素之一。在生猪期货上市之前，养殖户一直找不到合适的对冲风险工具，2021年1月8日，生猪期货登陆大商所上市交易，给生猪期货价格保险带来了契机，广大养殖户可以利用生猪价格保险进行保障养殖收益，加快生猪稳产保供工作。

生猪“保险＋期货”的服务模式，一是可以生猪期货价格作为生猪价格保险的定价基准和结算依据，保证了生猪价格保险操作的公平性、客观性，减少不必要的纠纷。

二是给生猪养殖产业的新型经营主体提供了有效的保价、锁价工具，在生产投入之初，就可以通过购买生猪“保险＋期货”价格保险锁定卖价，从而稳定整个养猪生产周期的收入。从长期来看，有利于新型经营主体的长期投入、持续稳定生产，从而达到稳定市场猪肉供应，稳定猪肉价格的巨大作用。

三是保险公司可以将其承担的猪价波动风险转移给期货公司，期货公司利用期货市场对冲风险，解决保险公司的后顾之忧，生猪价格保险可以大胆推广，最终实现养殖户（企业）、保险公司、期货公司的多方共赢（见图7－6）。

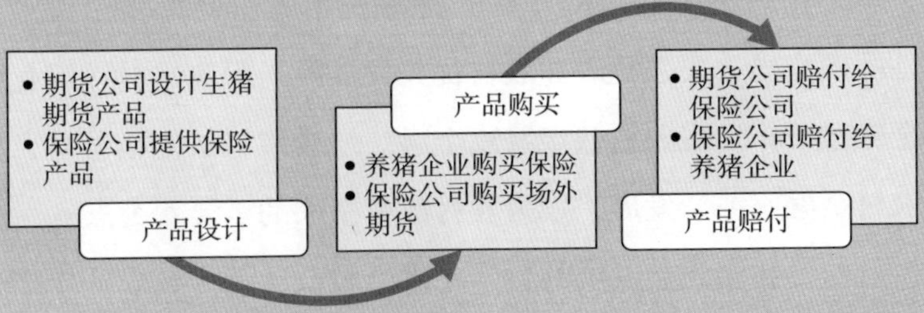

图7－6 生猪期货降低生猪价格风险

截至2019年年底，农信互联实现交易体量累计超过1 800亿元，服务个人用户超过260万，企业用户超过40万。累计提供贷款资金181亿元，不良率1%，产品运行情况良好，稳定地为核心用户经营生产提供了支持。

如何激活“三农”要素，焕发产业活力——神州信息

搭建农业大数据平台的挑战

为加速农村数字化进程，党中央、国务院越来越重视发挥农村金融在服务三农中的核心作用。2013 年中央一号文件要求 5 年完成全国农村土地确权登记。2016 年中央、国务院要求 5 年左右完成全国农村集体资产清产核资，同年央行发布农村“两权”（农村承包土地的经营权和农民住房财产权）抵押贷款试点办法。央行《中国农村金融服务报告（2018）》要求形成全方位、多元化的农村资产抵（质）押融资模式。2021 年中央一号文件明确指出，要强化农业农村优先发展投入保障，持续深化农村金融改革，发展农村数字普惠金融。从政策释放的信号看，推动农村金融服务新发展，成为农村改革未来的重要着力点。

目前，我国农业发展的数字化水平较低，大多数农业生产过程处于由散乱小的低效率状态向数字化、精准化的现代农业发展。农村金融持续深化改革需要农业信息化与数字化的持续助力。

一是农业数字化离不开搭建数据平台实现对农业数据的大范围、多角度的智能化收集与分析。这在技术角度面临三大挑战：知识图谱的构建、算力的提升和数据资源的获取。知识图谱的构建包括两层含义：一是对规律的认知，二是把这些规律转化成数

学语言与可计算的东西。算力的提升也是非常大的挑战，在产业发展中，大规模、有价值的数据来自“深网”，即存在于企业的内部网络、业务流程及社会实践。每个场景都汇聚着海量数据，需要运算能力的改善作为支撑，而改善运算能力涉及算法、算法的优化和算力的提升。另外，数据的挖掘、可持续提取筛选、分类、聚合、应用也将面临挑战。

二是农村资源要素流转存在障碍。农业农村是我国现代化建设中最薄弱的环节，城乡之间要素合理流动机制亟待健全，严重阻碍农村经济的发展和农民收入水平的提高。2020 年 3 月，《中共中央国务院关于构建更加完善的要素市场化配置体制机制的意见》要求，促进要素自主有序流动，提高要素配置效率，推动经济发展质量变革、效率变革、动力变革。近两年，随着我国土地确权、清产核资接近尾声，农村要素流转需求逐渐增长，全国各地积极推进农村产权流转交易。农村产权交易通过盘活农户土地承包经营权、农村集体经营性资产、“四荒”使用权、林权等农村资源要素，使其成为价值可衡量、可担保的资产，这在一定程度上清除了资本下乡的障碍，打破了农村融资困局，但是，目前明晰农村物权等基础设施依旧面临较大挑战。金融机构提供涉农金融服务，面临农村征信系统缺失、金融基础设施匮乏等问题。打通农村与金融，需要找到联通的关键点和实现路径。实现农村物权的权属清晰，是农村数字化的第一步，是实现农村物权流通、交易的前提，而农村物权交易、流通才能实现数据资产化，进而盘活农村经济，进一步助推资本下乡，形成闭环。

三是农村三资管理亟待规范。农村三资的管理是农村经济市场化的基础环节。资源台账不健全、财务管理不到位、财务公开不规范、集体资金管理缺位等问题存在已久，加强农民群众对财务等工作的监督，扩大知情权、参与权、监督权，实现民主化管理尤为重要。采用信息技术可促进优化农村资源配置，最终借由平台的力量，解决基层财务管理账面混乱、账面依据不足、村民民主监督权利无法落实等问题，推进农村信息化建设，提升农村财政管理水平。

银农直连金融科技服务平台助力阳光村务建设

神州信息深耕农业信息化 20 年、金融信息化 30 年，科技能力得到长久积累。神州信息以大数据为抓手，紧紧围绕农村改革各项任务，逐步推进“农村物权权属明晰 - 农村物权全流通 - 资本下乡赋能农业农村加速发展”，构建完善的农村金融服务闭环，以科技助推农村经济市场化进程，并推出金融赋能三农三大产品体系，其中之一是“银农直连”金融科技服务平台。该平台重点发力集体资产清算、产权交易、阳光村务等，助力金融服务下沉基层，扎根农村，服务农民。另外，“银农直连”金融科技服务平台通过财务软件系统和网银系统的在线直连，监管集体资金使用，达到“干部不经钱、会计不见钞”的应用效果，助力健全农村三资管理体系和阳光村务建设。

“银农直连”金融科技服务平台打造了包含“农村集体资产

平台解决方案”“农村产权交易平台解决方案”“阳光村务便民服务平台解决方案”“农村两权抵押科技金融解决方案”等在内的完整产品体系。

神州信息银农直连金融科技服务平台依托该产品体系，可以实现以下功能。

助力健全农村三资管理体系建设

实现财务软件系统和网银系统的在线直连，实现村集体资金非现金结算，监管集体资金使用，健全农村三资管理体系，助力阳光村务建设（见图7－7）。

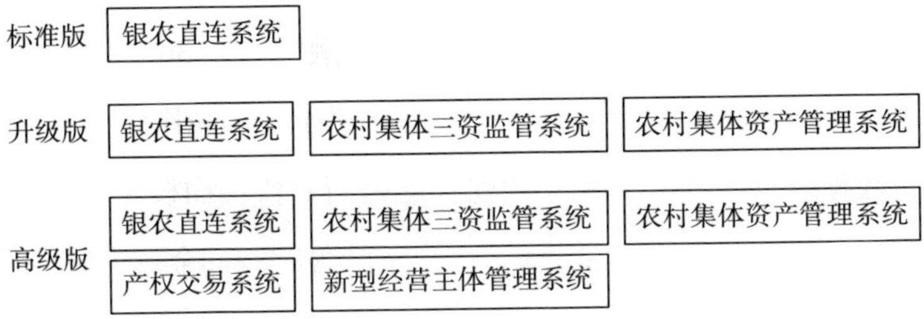

图7－7　银农直连产品版本

提供农村金融服务场景整体解决方案

以集体资金非现金结算系统——银农直连产品为核心，融合农村管理、农业生产经营服务相关的金融服务场景以及农业农村大数据，打造农业农村金融服务整体解决方案，包括依靠数据中台与大数据技术驱动，助力智能风控；通过智能采集，助力农业保险精准理赔；依托自研的农村“两权”抵押系统，助推农村产权交易进程；通过金融与农业农村场景融合创新，助力三农信贷。通过以上方面，赋能农村金融服务下沉乡村基层，解决农村征信系统缺失、金融基础设施匮乏、融资难融资贵等问题，构建农业农村金融账户生态、交易结算生态、信贷生态。

完善三农金融数据服务

一方面，通过整合各类农业信息化金融服务基础数据，对其进行科学的分类与管理，利用数据联通与共享，搭建金融信贷引流服务，极大地提升数据的利用效率，更加注重数据的敏捷性、实时性、可靠性，为银行等金融机构、担保机构提供金融服务的数据支撑；另一方面，通过创新业务应用模式，实现三农金融数据由管理向服务的转变，基于三农金融服务大数据库，对不同粒度的数据进行统计、分析、挖掘，增强金融机构向农户、企业提供征信、贷款、资金支付、惠农缴费等多种金融服务的能力，形成覆盖全面、业务协同、数据共享的三农金融数据服务发展格局。

打造开放、弹性、高效、安全的信息系统

银农直连在平台层上主要是各种服务的监控监管及封装与组合，包括智慧乡村云平台、农业产业金融服务平台、农村普惠金融科技服务平台、三农金融数据服务平台等。该平台深耕规范化、标准化业务流程，从立项、调研、分析到应用都经过专家反

复推敲而成，系统涵盖面广、专业性强、操作简单、安全可靠、易扩展（见图7－8和图7－9）。

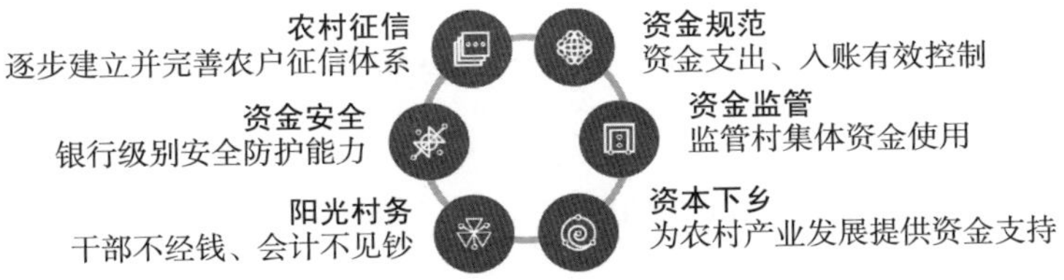

图7－8　银农直连产品亮点

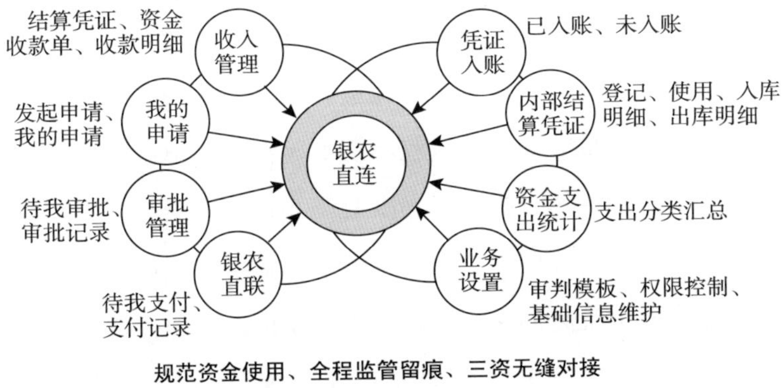

图7－9　银农直连产品功能

银农直连平台以三农金融大数据平台为支撑，面向农村产权流转交易、涉农资金监管、农村集体三资监管、产业扶贫、农村集体资产管理、新型经营主体管理、农业保险、农村征信、农产品电商等各类涉农应用需求，开展智慧农业金融对接与深度融合，优化与提升农业信息化产品的服务能力，构建农业农村的普惠金融、交易金融、产业金融、乡村发展金融以及农业农村金融征信生态圈。

银农直连平台的优势体现在如下三个方面。

一是简易、便捷。通过阳光村务便民金融服务平台，既满足了农村政务下沉、基层党建、三务公开、共治共建共管的要求，又可以将村民汇集在一起，将农村三务公开与农民投票选举进行引流集成。

另外，神州信息自研的服务平台入门简单，只需一部手机即可操作。在农村产权交易平台上，可以轻松实现保证金的线上线下支付与退还保证金、在线对账，还可与土地交易过程中的抵押场景融合，进行保证金贷款、交易款贷款、土地经营贷款，按键简洁，过程流畅。通过网上申请资金、网上办理、在线支付，不仅解决了线下审批时间长、流程不规范等问题，也避免了会计跑银行办理业务的麻烦，提高了办事效率，节约了成本。

二是实用性与适用性。面向生产型、贸易型企业，从龙头企业和产业链两个维度形成行业画像和行业报告，为各类企业提供场景金融服务。以龙头企业为核心，打通上游农资流通与下游农产品流通的链条。在农资采购、机具采购、农作物种植投入、农产品收购加工、食品制造、农产品代理销售等方面，为生产型企业和贸易型企业提供金融数据服务。

三是认同与信任。以“互联网 + 线上支付”为载体，实行村级集体资金管理“一支一收”，从源头上预防虚假列支、坐收坐支、截留挪用等问题，让收支更阳光、透明。银农直连平台在赢得使用者信任的同时，打通了银行与农业农村的金融渠道，不仅可以开启线上收支结算业务，而且可以拉动集体资金的存款与投资业务。

神州信息领跑农业农村金融市场，银农直连平台重点突破了山东省、江苏省、黑龙江等 19 省 300 多个区县，对全国起到示范作用，如甘肃省和政县“银农直连 + ‘智慧乡村’”开发服务项目、山东省莱西市“银农直连 + 农经综合管理信息平台”建设项目、江苏省昆山市银农直连项目（我国首批落地）。

案例

“农业 + 金融 + 科技”新模式助甘肃和政打造“银农直连 + ‘智慧乡村’”

2020 年，神州信息与甘肃省临夏回族自治州和政县农业农村局、中国农业银行临夏分行共同签订《银农直连 + “智慧乡村”合作协议》和《银农直连 + “智慧乡村”开发服务项目合同》。这是近年来甘肃投资金额最大、合作期限最长的银政合作项目，是落实国家对农村三资管理政策和乡村振兴的重大举措，将改善农村集体资金管理、支付体系，助力金融机构普惠三农，加快推进和政县脱贫攻坚及乡村振兴的步伐。神州信息将依托成熟完整的产品体系、项目快速落地能力，用新模式打造“农业 + 金融 + 科技”三方赋能的“智慧乡村”平台示范点，打造集多种服务功能于一体的“智慧乡村”品牌。

和政县作为国家级贫困县，积极响应乡村振兴战略，将农村的脱贫致富与产业发展全面结合起来，推动当地经济的发展。神州信息承建的“智慧乡村”平台，以和政县实施的农村集体产权制度改革管理系统等 10 个项目为基础，不断完善 122 个行政村村级经济集体组织基础金融服务的广度和深度，打通了资金供给方和资金需求方之间的道路。一方面，助力中国农业银行临夏分行实现全县村级账户、结算资金的统一纳管，促进对公和零售各项业务协调发展；实现在线转账结算（掌银等）功能，提高工作效率、减小柜面工作压力；抢占农村集体经济贷款的先机，成为村级集体资金非现金结算的统一出口，为后续对公账户开立、吸收村级存款、发放农业贷款等业务奠定了坚实基础。另一方面，为和政县持续获得银行的优质金融服务提供了保障，促进农村信息化、智能化与经济社会发展的深度融合，带动临夏地区社会经济建设稳健发展，为该地区经济转型升级提供了新动力。

乡村振兴战略是治理“三农”问题的总抓手，其中产业振兴作为农村各项事业发展的物质基础，也是推动乡村振兴的重点，而金融服务短缺是制约产业发展的重要因素。此次，由神州信息打造的全国领先的“智慧乡村”解决方案，通过把信息化渗入乡村的方方面面，激发贫困地区的内生动力，为更多地区打造智慧乡村提供了新思路。该方案通过打通政府、金融机构、农业农村等乡村金融服务产业链的关键环节，助力金融行业深耕农村市场，以科技驱动普惠三农、乡村扶贫，推进金融供给侧结构性改革，又为乡村振兴提供了经济支撑、注入了发展“活水”。

深化农村数字普惠金融的三大业务重点

近年来，“三农”金融需求增长迅猛。社科院统计数据显示，2018 年“三农”金融缺口需求约 3 万亿元，而且有逐渐增长的趋势。由于缺乏有效担保及传统抵押品，大部分有金融需求的农户难以获得贷款。农村普惠金融服务依然是“新蓝海”。以云计算、大数据、区块链等技术为代表的金融科技，能够实现服务成本的可负担性、业务的全面性以及结构的可持续性，已经成为推动农村普惠金融发展的动力。

利用金融科技提升服务的可负担性，降低金融交易成本

首先，为客户提供精细化服务。借助大数据技术，能够从生活或交易过程中获取客户信息，形成较大的数据库，利用人工智能技术对不同人群的消费能力、受教育水平进行分析，可以挖掘客户需求，获取精准营销数据，研发相关产品，减少风险管理中的人为干预，从而对借款人贷款前后的还款能力、还款意愿进行监控，令其以较低的成本获得金融支持。其次，构建沟通桥梁。借助人工智能技术实现面对面直接交易，进而在农业互联网平台上及时发布资金和相应的金融产品供需信息，使双方建立直接联系，并实现交易。最后，在交易中更加透明地拓展金融服务。利用区块链技术中心化的优势，拓展农业消费者在价值支配上的能力，帮助其减少交易产生的风险问题和运营成本。因此，应充分了解金融机构在服务农村数字普惠金融过程中遇到的风险控制难、信贷成本上升等棘手问题，利用金融科技技术帮助金融机构实现在有效控制风险的情况下达到降本增效的目标，提升金融机构的积极性。

利用金融科技扩宽服务的覆盖面，提高产品的可获得性

金融科技具备用户入口和多渠道的优势，可以通过大数据完成信息收集，在获取广泛征信的情况下，帮助金融机构覆盖长尾客户，发掘更多具有潜力的企业、个体、农户参与到农村金融市场中。目前，农村金融市场服务主体多以银行为主，金融服务覆盖面受到银行体系自身风控评价模型、客户来源等限制，存在一定的局限性，因此，金融科技公司除了可以加强以城市商业银行、农村信用社、农商行、村镇银行等为主的传统金融机构服务农村客户市场的全链条服务能力建设，还可以更多地赋能证券、期货等直接融资服务主体在农村金融市场中的作用，通过提升间接融资 + 直接融资的服务力度，“双管齐下”地挖掘更多具有真实金融服务需求的农村客户，将更多农村客户纳入普惠金融服务“白名单”，从获客、营销、风控、运营等多个环节切入，提升服务农村长尾客户的整体能力。

利用金融科技优化金融机构管理工作

金融科技可以优化金融机构的内部管理，丰富风险管控的手段，促进实现金融可持续性。金融机构可在当前内部业务流程的基础上，提升智能化、个性化服务能力，借助金融科技可以对信息完成高效处理，在提升服务长尾客户效率的同时，通过人工智能优化一定规则下的策略能力。如利用离线时间强化学习策略，

或者通过多台电脑协作，按照既定程序完成分析等，以此来提高金融机构对农户等客群金融服务的决策能力，减少决策流程，提高决策效率。金融科技未来一个重要的服务方向便是帮助金融机构优化内部流程，建立适应更适合农村等普惠金融场景的组织管理体系。因此，应注重金融科技在提升金融服务机构内部工作效率、优化管理流程方面的作用，“由内而外”地促进金融机构的数字化转型进程。